日本スキー教程

NATIONAL SKI METHOD OF JAPAN

公益財団法人 全日本スキー連盟
SKI ASSOCIATION OF JAPAN

JN188759

芸文社
Geibunsha

日本スキー教程
発刊にあたって

全日本スキー連盟（SAJ）は、本年度、創立100周年を迎えます。

1925（大正14）年の設立から現在に至るまで、変化していく社会のニーズに寄り添いながら、世界に愛される選手の育成に力を注ぐとともに、スノースポーツの魅力を広く国民に発信し、その普及に努めてまいりました。

それは時代の移り変わりとともに歩んだ歴史といえます。近年を例に挙げても、インバウンドの増加や新型コロナウイルス感染症の流行など、我々を取り巻く状況は大きく様変わりしました。新型コロナが5類感染症に移行し、ようやくスノースポーツに活気が戻ろうとしている一方で、温暖化の影響により雪不足が続き、シーズンが短くなってきているようにも思えます。今後は普及活動とあわせて、環境保全にも貢献していかなければなりません。

目まぐるしく変わる状況の中、次の100年に向けて全日本スキー連盟ではMVV（ミッション・ビジョン・ヴァリュー）、中長期計画の策定にとりかかっており、このMVVおよび中長期計画に基づき、さらなるスノースポーツの普及、活性化を目指してまいりたいと思っております。

これまで全日本スキー連盟の教育本部では、加盟団体、スキースクール、地域のクラブ活動でのレッスン、バッジテスト等の検定を通じて、一般スキーヤーとの接点を持ち、普及活動を行なってまいりました。こういった活動の積み重ねによって築き上げられた日本のスキーメソッドが、今、世界の注目を集めています。

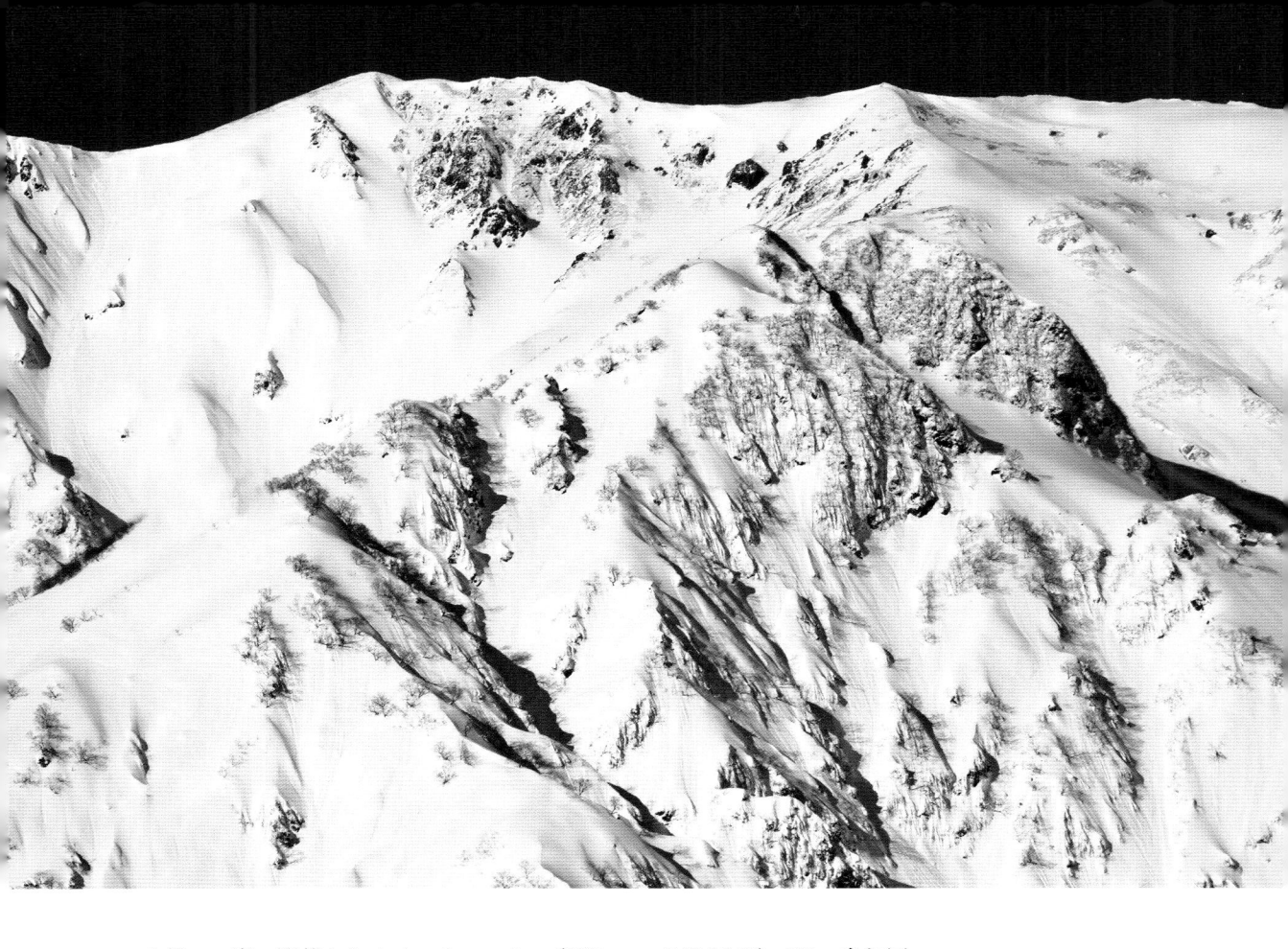

　4年に一度、開催されるインタースキー（世界スキー指導者会議）では、参加国がそれぞれの国のスキー技術や指導法についてプレゼンテーションを行ないますが、2023年の第22回インタースキー・レヴィ（フィンランド）では、日本のワークショップにとりわけ多くの関心が寄せられました。予定していた定員を急きょ増やして実施され、その後の投票によって最優秀賞に選ばれたことは、日本のスキーが世界に誇れた瞬間として、歴史に刻まれています。

　この度、長い時をかけて構築した日本のスキーメソッドを、あらためて皆様にお伝えするべく本書を発刊いたします。

　本書は、2023年のインタースキーにおいて、日本が最高評価を得るに至った「一貫性のある組み立て」を柱にプログラムを構成し、その内容を落とし込んでいます。スキー指導者はもとより、スキーを極めようとするたくさんの方々に、この『日本スキー教程』を手に取っていただき、指導の現場や自らの技術向上、ひいてはスノースポーツの普及に向けて、大いに役立てていただきたいと願うものです。

　全国のスキー指導者と一般スキー愛好家に向け、このスキーメソッドを広く展開していくことが、今後のスノースポーツの普及の大前提ととらえ、これまでの100年を振り返りながら、これからの100年へと、皆様とともに歩みを進めてまいります。

公益財団法人 全日本スキー連盟

日本スキー教程
contents

Part 2　スキー指導と安全 … 129

Part 3　スキーの歴史と用語解説 … 153

付録・DVD+QR movie 43 min.

QRコード動画の視聴のしかた

QRコードから付録DVDと同じ動画を項目ごとに視聴できます。
スマートフォンやタブレットのカメラアプリを起動し、
QRコードを画面にうつしてWEBページへ行き、
ページ下部にあるパスコードを入力してから視聴します。
動画を視聴する際は大量のデータ通信が必要なため、
Wi-Fi環境での利用を推奨します。
なお、本書のQRコードをコピーして第三者へ譲り渡したり、
受け取ったQRコードで動画を視聴するなどの行為は
法律で固く禁じられています。
＊「QRコード」は株式会社デンソーウェーブの登録商標です。

**SAJオリジナルグッズを
プレゼント！**

アンケートに
ご協力くださった方の中から
抽選でSAJオリジナルグッズを
プレゼントいたします。
詳しくは、P176をご覧ください。

1 スキー指導の展開

これから展開する指導プログラムは、現場で行なう具体的な指導法そのものを示すものではなく、その核となる指導の"道筋"を明らかにすることを目的としたものです。

実際のスキー指導は、それぞれの現場で対象者に合わせて行なうものであり、それは樹木に例えるなら「枝葉」の部分といえます。その枝葉を豊かにするために大切なのは、しっかりとした「幹」の部分であり、本教程ではこの「幹」に相当する、技術の根幹をなすものを、日本のナショナルメソッドとして広く展開していくことを目指しています。

その組み立ては、必ずしも新しいものばかりではありません。時代の移り変わりの中で、新たな技術的エッセンスが必要となることはあっても、歴史の中で脈々と受け継がれてきたものには普遍性のある大事な要素が含まれています。今回のプログラムは、その変わらない技術の組み立てに新たなエッセンスを吹き込みながら、長きにわたる経験を年輪のごとく重ね、成熟させたものといえます。プログラム全体を貫く、技術的要素の"一貫性"は、その成熟の証しともいえるでしょう。

初級者でも、上級者でも、競技者レベルであっても、上達に欠かすことのできない基本的な運動要素は、何ひとつ変わることはありません。初心者がプルークボーゲンで習得する技術は、その先の高いレベルにまで確実につながっています。こういった大切なことがプログラムの中で一貫していることによって、プルークボーゲンで何を学ぶのか、パラレルターンで習得すべき要素は何か、目的がはっきりと浮かび上がってきます。技術習得のプロセスが一本の道でつながり、進むべき方向が明らかになることで、一つひとつのステップを着実に積み重ねていくことができるのです。

*

一方で指導者には、このメソッドを背景に現場でどのような提案を行なっていくのか、その指導スキルが求められることとなります。

スキー指導の対象者は、年齢も体力も違えば、技術のレベルもさまざまです。ゲレンデを自由に楽しみたいのか、あるいは競技者として技術を突き詰めるのか、技術を学ぶ目的も、決して一様ではありません。また近年のインバウンド需要のように、日本の雪でスキーを経験することそのものが目的という場合もあるでしょう。そういったさまざまな目的や志向をもつ対象者に合わせ、それぞれのモチベーションに応えられるような指導を展開するためには、現場での創意工夫が必要となります。

このときに、技術の根幹をなすメソッドを理解できていれば、提案の仕方も変わってくるはずです。すべてのスキーヤーに対して教え方は一様ではなく、むしろ教え方が多様であるほど、「枝葉」はどんどん豊かなものになっていきます。重要なことは、その根底にあるメソッドが一貫しているということであり、どこで誰に教わっても根底に流れているものが共通していれば、日本のスキー指導は理解しやすいものとなるでしょう。

技術を学び、上達する喜びを感じることができればスキーは楽しくなり、さらに上達すればするほど、その楽しさは無限に広がっていきます。スキー指導を通じて、自然の中で楽しむこのスポーツの魅力を発信していくことが我々指導者の使命であり、それがひいては日本のスキーの普及、発展へとつながっていきます。

9

NATIONAL SKI METHOD OF JAPAN

初歩動作の指導の展開

準備
ブーツの着脱
スキーの着脱
ストックの着脱
ウォームアップ

移動① 平地
歩行
平地滑走
方向転換

移動② 斜面
登行・下降
方向転換

転倒への対応
転び方
起き上がり方

プルークボーゲンへの指導の展開

滑る
直滑降
プルークファーレン

止まる
直滑降から
プルークで停止
プルークファーレン
から停止
直滑降から停止

回る
初歩的な
プルークボーゲン

プルークボーゲン

ベーシックパラレルターンへの指導の展開

3つの基本動作
ポジショニング
荷重動作
エッジング

プルークボーゲン
推進

制動
シュテム
ボーゲン

ベーシックパラレルターン

日本スキー教程 指導の展開

　「スキー指導の展開」では、技術を習得していく過程を4つの段階に分け、指導の"一貫性"に重点を置いた組み立てでプログラムを構成しています。前教程で展開してきた「三本の矢」（プルーク、横滑り、シュテム）を引き継ぎ、それぞれの指導法をさらにブラッシュアップさせるかたちで、プログラム全体を再構築しました。

　その全体像を示したのが上の図です。レベル別に色分けし、それぞれのレベルで何を学び、どのようなステップを踏んでいくのかを展開図で表しています。

　まず、初心者を導く課程が**「グリーン」**です。雪に慣れ、用具に慣れることを第一に、初心者を無理なく誘い（**初歩動作の指導の展開**）、プルークボーゲンで安全に滑れるよう導きます（**プルークボーゲンへの指導の展開**）。

　次の**「ブルー」**は、プルークからパラレルへと展開していく課程です（**ベーシックパ**

ダイナミックパラレルターンへの指導の展開

斜面・雪質への対応

ターン始動のポジショニング

ターン制御
スピード制御

シュテムターン
カービング

横滑り
スキッディング

ターン姿勢の入れかえ
ステッピング
スケーティング

ダイナミックパラレルターン

急斜面
不整地
パウダースノー
アイスバーン

ラレルターンへの指導の展開）。ここでの最大のミッションは、ターン運動に必要な「3つの基本動作」（ポジショニング、荷重動作、エッジング）を理解することであり、このことで一定の速度、一定のリズムで安定して滑れるようになることが目標となります。

「レッド」は、この3つの基本動作をさらに洗練させることによって、実践的なパラレルターンへと発展させていく課程です（**ダイナミックパラレルターンへの指導の展開**）。切りかえでターン姿勢を入れかえ、雪面を捉える動作（ターン始動のポジショニング）を正確に行ない、ターン弧とスピードを制

御する技術を洗練させることによって、高いスピード域や複雑な斜面状況にも対応できるように導きます。

この一連のプログラムを経てパラレルターンの自在性を高めることによって、スキーヤーの可能性は大きく広がっていきます。**「ブラック」**では、急斜面や不整地、パウダーといった多彩なフィールドに挑戦できるようになり、さらにはレーシングなどの競技にもつながっていきます。指導の現場では、ここに至るまでの発展のプロセスが初歩動作の段階からすでに始まっていることを意識し、一貫した組み立てで指導を展開していくことが重要となります。

初歩動作の指導の展開

準備
ブーツの着脱
スキーの着脱
ストックの着脱
ウォームアップ

移動① 平地
歩行
平地滑走
方向転換

移動② 斜面
登行・下降
方向転換

転倒への対応
転び方
起き上がり方

用具と雪に慣れる

スキーは自然の中で行なうスポーツであり、初心者にとっては、何もかもが非日常の体験です。「滑る」楽しさへと誘うための前段階として、まずは雪とふれあい、雪に慣れること、そして、その雪の中でスキーを装着し、用具に慣れることが、初心者を導くファーストステップとなります。

「初歩動作の指導の展開」では、そのためのアプローチを紹介しています。重要なことは、初めての体験に戸惑うことのないように順を追って進めていくことです。まずは平らなところでスキー用具を装着し、「歩く」「滑る」「方向転換をする」といった動作を行ないます。十分に慣れてきたところで、傾斜の緩い斜面を選び、階段登行や安全な転び方、起き上がり方を習得していきます。

それは「慣れないこと」の連続です。用具で足元を固定することは、動きに大きな制約がかかる上、足元が滑る状態は、ともすれば恐怖心にもつながりかねません。安全な場所で、無理なく始められるような配慮が指導者には不可欠であり、このファーストステップを丁寧に導いていくことが、スキーの魅力を伝えていくための大切な一歩となります。

I スキー用具を装着して移動 ①平地

＊ページ下部にあるパスコードを入力

動画でcheck!
コピー禁止

① ブーツを履いて歩く

　スキーブーツを履いて、平らな雪の上を歩きます。日常の歩行動作は踵から接地して歩きますが、アイスバーンなど滑りやすい場所では、靴底を水平にして歩くと、より安全です。

1-1 歩き方① … 踵から接地

4　　　　　3　　　　　2　　　　　1

スキーブーツの角を利用し、
踵から接地して歩く

動作要領

（1）日常と同じように、踵から接地して歩きます。
（2）スキーブーツの踵を意識し、角を利用して歩きます。
（3）ストックを交互についてバランスを取ります。

指導の要点

（1）アイスバーンや室内のタイルの上では、踵から接地すると前に滑りやすく、たいへん危険です。

1-2 歩き方 ② … 靴底を水平に

動作要領

（1）靴底が雪面と平行になるように歩きます。
（2）ストックを交互についてバランスを取ります。

指導の要点

（1）スキーブーツの前傾角度に、脛や足首の角度を合わせます。
（2）アイスバーンや室内のタイルの上でも安全に歩くことができます。
（3）この歩き方はスキーを履いたときにも役立つことを伝えます。

スキーブーツの靴底を水平にし、靴底全体で接地する

動作要領

（1）スキーとストックを抱きかかえます。
（2）腰を落として、テール側をすくうように持ち上げます。

指導の要点

（1）スキーを抱えた後は、周りに注意して歩きます。

1-3 スキーを抱えて歩く

1-4 スキーを担いで歩く

動作要領

（1）スキーの先端と真ん中を持ち、てこの原理で持ち上げます。
（2）肩の上にスキーをのせます。
（3）スキーの先端に手を添えてバランスを取ります。

指導の要点

（1）スキーを担いだ後は、周りに注意して歩きます。
（2）特に振り向くときには注意が必要です。

② スキーの着脱

　スキー用具の知識を身につけ、正しく装着することは、技術の習得はもちろん、安全のためにも不可欠です。できるだけ整地された平らな場所を選び、スキーの正しい着脱方法を習得していきます。

2-1 スキーの履き方

ストックで靴底の雪を落とす　　バインディングで靴底の雪を落とす

動作要領

（1）スキーを平らな場所に置きます。できるだけ平坦で滑りにくい場所を選びます。
（2）靴底を確認し、雪や氷がついていないかをチェックします。ついている場合は、ストックで叩いたり、バインディングの硬いところを蹴ったりして、雪や氷を落とします。
（3）バインディングのトゥーピースに、スキーブーツのつま先を合わせます。
（4）スキーブーツの踵をヒールピースに合わせ、体重をかけて踏み込みます。

2-2 スキーの外し方

動作要領

（1）ストックの先端で、バインディングのヒールピースの解除レバーを押し下げます。
（2）ストックに体重を預けながら、踵を持ち上げます。

スキーのバインディングの取り付け、調整には「SBB認定整備技術者」の資格が必要です。使用している用具が適切かどうか、一度チェックしてもらいましょう。

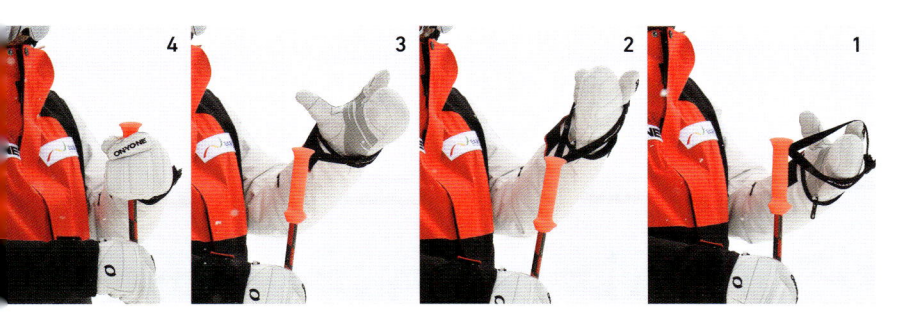

2-3 ► ストックの握り方

動作要領

（1）ストラップの下から手を通します。

（2）手を通したら、ストラップごとグリップを握ります。

③ 片足スキーで移動する

　片方だけスキーを履き、平らな雪の上を移動します。最初は歩行し、慣れてきたら前に滑らせ、スキーが「滑る用具」であることに、少しずつ慣れていきます。

3-1 ► 片足スキーで歩く

動作要領

（1）片足にスキーを履いて歩いてみます。

指導の要点

（1）スキーの重さに慣れることが目的です。

3-2 ► 片足スキーで滑らせる

動作要領

（1）片足にスキーを履いて、滑らせてみます。

（2）ストックで雪面を押しながら、前方にスキーを滑らせます。

（3）滑るスキーに身体が遅れないよう、バランスを取ります。

指導の要点

（1）足首の前傾を意識し、前後のバランスを取ります。

（2）滑ることに慣れるのが目的です。

両スキーで移動する

両スキーを装着し、平らな雪の上を移動します。まずはその場で足踏みなどを行なってから、歩いたり、滑らせたりします。無理なく慣れていくためにも、段階的に進めていくことが重要です。

4-1 その場で足踏み

動作要領

（1）両スキーを履いて、その場で足踏みをします。

指導の要点

（1）スキーの重さに慣れることが目的です。

4-2 その場ですり足

動作要領

（1）両スキーを履いて、その場で足を前後に動かし、すり足で滑らせます。

指導の要点

（1）滑るスキーに慣れることが目的です。

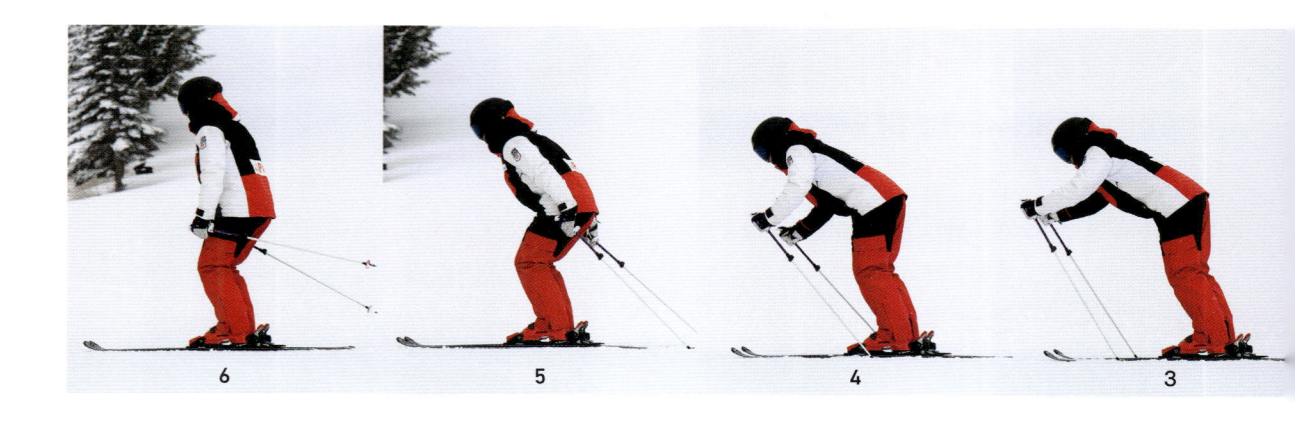

5 4 3 2 1

4-3 スキーで歩く

動作要領

（1）両スキーを履いて歩きます。
（2）ストックを交互についてバランスを取ります。

指導の要点

（1）片足ずつ持ち上げながら、スキーの重さや長さに慣れることが大切です。

5 4 3 2 1

4-4 すり足で進む

動作要領

（1）両スキーを平行にし、滑走面を雪面から離さずに、左右交互に滑らせながら前進します。
（2）ストックを交互についてバランスを取ります。このとき、ストックの先を前方に振り出すように使用します。

指導の要点

（1）足首の前傾を意識して滑らせます。
（2）両スキーを平行に保ったまますり足を行なうことが重要です。

4-5 平地で推進滑走

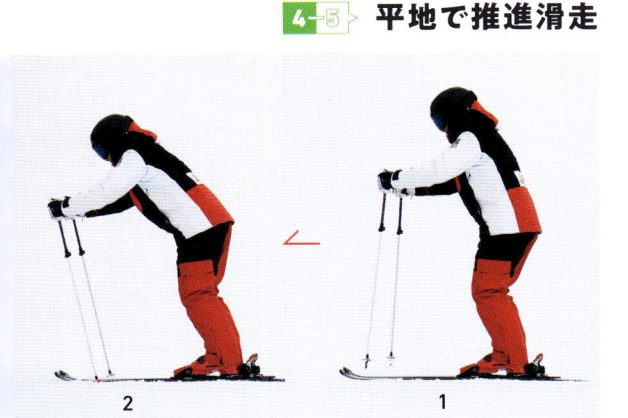

2 1

動作要領

（1）両ストックで雪面を押すようにして、スキーを前方へ滑らせます。
（2）身体を少し前傾させ、重心を前に移動させます。
（3）両腕を伸ばし、ストックを雪面に押しつけるように力を入れます。腕の力だけでなく、身体全体を使うことでより推進力が増します。

指導の要点

（1）滑るスキーの上で、重心が遅れないようにバランスを取ります。
（2）ストックのグリップをしっかりと握ります。力を入れすぎずにリラックスして持つことが大切です。
（3）手首のストラップを正しく装着し、ストックが滑り落ちないようにします。

⑤ 方向転換

スキーを履いたまま方向転換を行ないます。方法はいくつかありますが、最もやさしく、初心者にも適しているのは、トップを支点にテール側を動かして方向を変えていく方法です（5-1）。

動作要領

5-1 トップを支点に方向転換

（1）スキートップの位置を変えずに、テールの開き閉じによって方向転換を行なっていきます。

動作要領

5-2 テールを支点に方向転換

（1）スキーのテールの位置を変えずに、トップの開き閉じによって方向転換を行なっていきます。

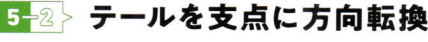

5-3 キックターンで方向転換

動作要領

（1）片方のスキーのテールを、思い切り前に投げ出すようにして、スキーを立てます。

（2）テールを支点に、スキーをトップから180度回転させ、向きを変えて下ろします。

（3）下ろしたスキーに体重を預け、もう片方のスキーを持ち上げて回転させ、2本のスキーを揃えます。

⑥ 平地での起き上がり方

斜面に出る前に、まずは平らなところで、スキーを履いたまま立ち上がる動作を身につけます。

動作要領

（1）スキーを平行に並べ、脚を曲げてスキーとお尻の位置を近づけます。
（2）スキーに近いほうの手で脛をつかみ、身体に近づけるように引き込みます。
（3）同時に反対側の手で雪面を押しながら、お尻（重心）を両スキーの上に乗せます。
（4）両スキーの上にお尻（重心）が乗ったら、両手で脛をつかみ、引き込みながら立ち上がります。

指導の要点

（1）初心者は、ストックを使って立ち上がろうとすると、スキーが滑ってしまいうまくいきません。
（2）斜面に出たときには、両スキーを谷側に、身体は山側にくるようにして、起き上がります。

Ⅱ スキー用具を装着して移動 ② 斜面

① ブーツで斜面を歩く

スキーブーツで斜面を移動するときには、硬いブーツの角を利用します。登るときはつま先側を、降りるときは踵側を雪にさすことで、靴底が滑るのを防ぎ、安定して移動することができます。

1-1 ブーツで登る

つま先を雪面に食い込ませる

動作要領

（1）ブーツのつま先（トゥー）を雪面にさしながら登ります。

指導の要点

（1）斜面に足をつくときに、靴底を斜面と平行にしてしまうと滑りやすくなります。ブーツのつま先を雪に食い込ませ、確実に足場をつくりながら登るようにします。

1-2 ブーツで降りる

踵を雪面に押し込む

動作要領

（1）ブーツの踵（ヒール）を雪面に押し込みながら、ゆっくりと降ります。

指導の要点

（1）斜面に足をつくときに、靴底を斜面と平行にしてしまうと、滑りやすくなります。ブーツの踵でしっかりと足場をつくりながら降りるようにします。

② 斜面でスキーを履く

斜面でスキーを装着するときには、スキーが滑り落ちてしまわないよう、安定させる必要があります。スキーを並べる方向と、スキーを装着する順序を正しく行なうことが重要です。

動作要領

（1）スキーを最大傾斜線（フォールライン）に対して直角に置き、滑り出さないようにします。
（2）靴底の雪をストックやバインディングで取り除きます。
（3）斜面に対して谷側にあるスキーから先に装着します。
（4）履いたスキーがずり落ちないように、インエッジを立てて体重をのせ、足場をつくります。
（5）もう片方の靴底の雪を取り除き、山側のスキーを装着します。

① スキーを並べる

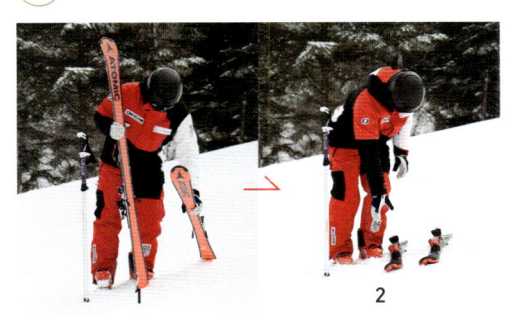

② 谷側のスキーを履く

③ 山側のスキーを履く

指導の要点

（1）斜面では、スキーが滑り落ちない場所を選択することが重要です。
（2）山側のスキーから先に履いてしまうと、谷側のスキーがずり落ちやすく、なかなか履けません。必ず谷側のスキーから装着します。

③ スキーで登行・下降

スキーで斜面を登り降りするには、スキーを横に向けて行なう方法（階段登行、階段下降）と、スキーをＶの字に開いて登る方法（開脚登行）があります。

動作要領

（1）スキーを最大傾斜線に対して直角にします。

（2）スキーがずり落ちないよう、両スキーの山側のエッジを立てます。

（3）山側のスキーを平行に開き出し、体重を山側に移動します。

（4）山側のスキーにしっかりと体重を預け、谷側のスキーを引き寄せます。

登行

3-3 階段登行とキックターン

24

3-2 **階段下降**

下降

動作要領

（1）スキーを最大傾斜線に対して直
角にします。
（2）スキーがずり落ちないよう、両
スキーの山側のエッジを立てます。
（3）谷側のスキーを平行に開き出し、
体重を移動します。
（4）谷側のスキーに体重を預け、山
側のスキーを引き寄せます。

動作要領

（1）階段登行の要領で斜面を登ります。
（2）キックターンで方向を変え、逆向
きで再度、階段登行を行ないます。
（3）目標地点まで繰り返し行ないます。

指導の要点

（1）同じ方向での階段登行は
片脚に疲労がたまりやすく、左
右交互に登行することで疲労
の蓄積を抑えることができます。

3-4 開脚登行

動作要領

（1）両足のつま先を外側に向け、スキーのトップをV字に
開きます。

（2）両スキーのインエッジを雪面に立て、後ろに滑らない
ようにします。

（3）片方のスキーを持ち上げ、斜め上へと踏み出します。
このとき、スキーのインエッジをしっかりと立てます。

（4）踏み出したスキーに体重を預けながら、反対側のス
キーを斜め上へと踏み出します。

（5）この動作を交互に行ないながら、斜面を登ります。

④ 転倒時の注意

　斜面での安全な転び方、起き上がり方を習得します。特にスキーに慣れていない初心者は、斜面で滑り出す前に、あらかじめ転倒時の注意点について知ることがとても重要です。

4-1 転び方

動作要領

（1）斜面の谷側ではなく、山側に向かって転ぶようにします。斜面の谷側に転ぶと、より高い位置から落ちることになり、衝撃が大きくなります。
（2）斜面の山側にお尻から着地し、顎（あご）を引きます。
（3）膝をつかないようにし、手やストックを上にあげて、雪面につけないようにします。

4-2 起き上がり方

動作要領

（1）両スキーを最大傾斜線に対して直角にし、平行に揃えます。
（2）脚を曲げて、スキーとお尻の位置を近づけます。
（3）上半身を斜面下側に向けて、ストックの石突を斜面上側につきます。
（4）ストックを使って身体を押し上げ、立ち上がります。このとき、山側のエッジを立て、雪面に食い込ませます。

III ウォームアップ

① ウォームアップ ① スキーを履かずに

　スキーで使う筋肉のストレッチを行なっていきます。各関節の可動域を広げることで運動が行ないやすくなり、ケガの予防にもつながります。

　また、ウォームアップを行なう過程で、受講生の体力やバランス能力、あるいは体調などをあらかじめチェックしておくと、その先の指導がより円滑になります。

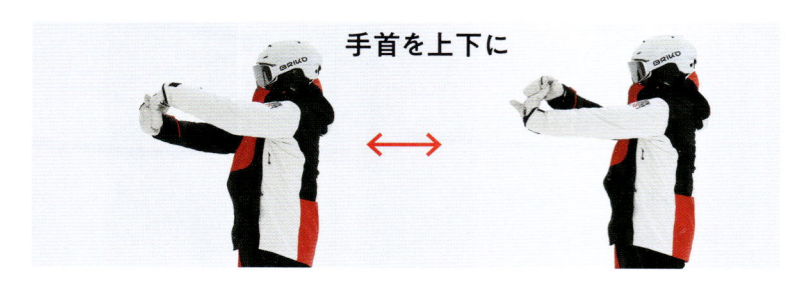

手首を上下に

回す

指導の要点

(1)手首の柔軟性が向上し、転倒時に適切に力を入れることができるようになります。

1-1 手首

動作要領

(1) 片方の腕を前に伸ばし、手のひらを前に、指先を上に向けます。もう片方の手で指先をつかみ、ゆっくりと手前に引っ張ります。腕を伸ばしたま、今度は手のひらを下に向け、ゆっくりと手前に引っ張ります。
(2) 両手の指を交差させて組み、ゆっくりと手首を内側、外側に回します。

首を左右に

回す

指導の要点

(1)首の柔軟性が向上し、転倒時のケガの予防につながります。

1-2 首

動作要領

(1) 右手で左耳の上あたりを軽くつかみ、ゆっくりと頭を右側に傾けます。反対側も同様に行ないます。
(2) 頭を前後左右に回し、首のストレッチを行ないます。急に回さず、ゆっくりとした動作で行ないます。均等なスピードと力で回すことを意識します。

S2802
＊上部QRコードのパスコード

1-3 体幹部

動作要領

（1）上体を前に倒します。次に両手を上に伸ばして上体を後ろに倒し、胸を広げ、背中をアーチ状にします。
（2）上体を左右に傾けます。ストックを活用し、下に引っ張るとより効果的です。
（3）上体をひねります。腰から上だけを回すようにします。

指導の要点

（1）体幹部をストレッチすることで、全身の柔軟性を高め、動作をスムーズにします。ケガの予防に役立ちます。

前屈・後屈

横へ倒す

ひねる

前後に振る

左右に振る

1-4 股関節

動作要領

（1）ストックで身体を支えながら、片脚を前後に振ります。腰が反らないよう注意します。
（2）ストックで身体を支えながら、片脚を左右に振ります。

指導の要点

（1）脚を前後左右に振る動的ストレッチは神経と筋肉の連携を強化し、迅速な反応とスムーズな動きを可能にします。

1-5 大腿（表側）

動作要領

（1）片脚を前に出し、膝を90度に曲げて体重をかけます（膝は足首の真上）。後ろの脚は膝を雪面につけず、浮かせたままにして、ももの表側の筋肉を伸ばします。

指導の要点

（1）股関節・膝関節の柔軟性が向上し、脚の動きがスムーズになります。

1-6 ▶ 脚部全体

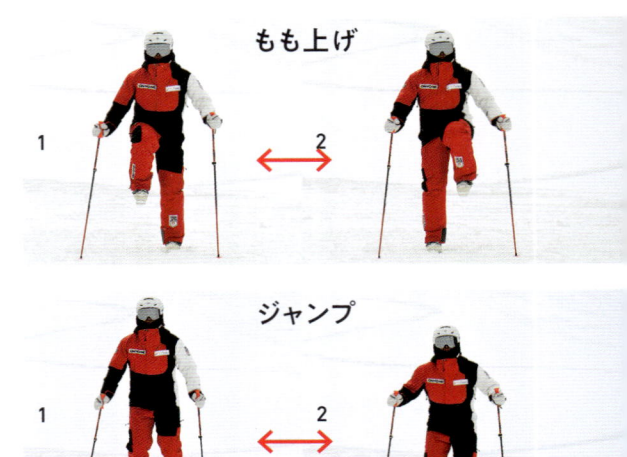

もも上げ

ジャンプ

動作要領

（1）もも上げで脚の筋肉を動かします。ももが地面と平行になるよう、膝を腰の高さまで持ち上げます。

（2）膝を軽く曲げて前傾姿勢を取り、両脚で地面を蹴って真上にジャンプします。足首の前傾を意識して行ないます。

指導の要点

（1）脚を動かすことで筋肉の温度を上げ、血流を促します。筋肉が柔らかくなり、運動に適した状態になります。

1-7 ▶ 全身（プルークスタンスジャンプ）

動作要領

（1）ジャンプして空中で両足を開き、つま先を内側に向けて、プルークスタンスで着地します。

指導の要点

（1）スキーを履く前のウォームアップにプルークスタンスの運動要領を取り入れることで、プルークスタンスの導入が円滑になります。

② ウォームアップ② スキーを履いて

ふくらはぎやアキレス腱、内転筋群などは、スキーを履いたままストレッチを行なうことで、より効果的に伸ばすことができます。

2-1 ▶ ふくらはぎ・アキレス腱

動作要領

（1）片方のスキーを前に滑らせ、膝を曲げながら上体を前に傾けて体重をかけます。後ろの脚は、踵が浮かないようにしながら、まっすぐに伸ばします。

（2）バランスを崩さないよう、ストックで身体を支えます。

指導の要点

（1）スキーの特性を使ったストレッチです。肉離れやアキレス腱の損傷といったケガの予防につながります。

2-2 大腿（内側）

動作要領

（1）片方のスキーを斜め前に滑らせながら、膝を軽く曲げて体重をかけます。反対の脚をまっすぐに伸ばし、ももの内側を伸ばします。
（2）バランスを崩さないよう、ストックで身体を支えます。

指導の要点

（1）ももの内側の筋肉や、関連する靭帯、関節のケガを予防します。

2-3 大腿（裏側）

動作要領

（1）片方のスキーを前に持ち上げてまっすぐに立て、膝を伸ばします。その状態のまま上体を前に倒すことでももの裏側を伸ばします。
（2）バランスを崩さないよう、ストックで身体を支えます。

指導の要点

（1）ハムストリングスや腰の筋肉の柔軟性が向上し、急激な動きの変化に対応できるようになります。腰痛の予防にもつながります。

2-4 プルークスタンスの練習

動作要領

（1）スキーを平行にして立ち、その場でテール側を広げてプルークスタンスをつくります。膝を軽く内側に向け、両膝を内側に絞り込むようにしながら、両スキーのインエッジで雪面を削るようにして開きます。

指導の要点

（1）特に初心者は、平地でプルークの練習を行なうことによって、実際の斜面でのスキー操作を円滑に行なうことができます。

1　　2　　3

プルークボーゲンへの指導の展開

滑る
直滑降
プルークファーレン

止まる
直滑降から
プルークで停止
プルークファーレン
から停止
直滑降から停止

回る
初歩的な
プルークボーゲン

プルークボーゲン

基本的なターン運動を習得する

スキー用具に慣れ、雪上を移動できるようになった初心者が次に目指すのは、プルークボーゲンの習得です。プルークスタンスを維持し、スピードをコントロールしながら安全に連続ターンができるようになることが、ここでの目標となります。

「プルークボーゲンへの指導の展開」では、その習得に向けたプログラムを、3つの要素で展開していきます。

まず、スキーは「滑る」スポーツであり、その「滑る」ことを安全な場所で体験します。次に、その滑るものをコントロールするために必要な「止まる」技術を習得します。そして、制動をかけることで生まれる抵抗を利用して「回る」技術を身につけます。これらに必要な動作を反復することによって習熟度を上げ、プルークボーゲンへと導いていきます。

プルークボーゲンを習得することは、ただ「安全に滑れるようになる」というだけではなく、その習得の過程でパラレルターンへとつながる基本的なターン運動を身につけることにもつながります。指導者は、一貫性のある指導の組み立てがこの段階から始まっていることを理解し、スキーのベースとなる技術を、効果的なレベルから身につけることができるよう、導いていくことが求められます。

I 滑る
- 直滑降
- プルークファーレン

II 止まる
- 直滑降からプルークで停止
- プルークファーレンから停止
- 直滑降から停止

III 回る
- 直滑降とプルークファーレンの連続
- 初歩的なプルークボーゲン
- プルークボーゲン（速度 制動）

I 滑る

① 直滑降

動画でcheck!
コピー禁止

パラレルスタンス（スキーを平行に構える）で、斜面を真下に向かって滑ります。スキーは「滑る」スポーツであること、その滑るスキーに乗ってバランスを取ることを、無理のない斜面で体感できるよう導きます。

自然に止まれる地形を選ぶ

斜度5度以下で、徐々に平らになるスロープ状の地形を利用する。

動作要領

（1）バランスの取りやすいスタンス幅で、2本のスキーを平行にします。
（2）両脚を軽く曲げた楽な姿勢で、スキーの上に立ちます。
（3）スキーを斜面の真下に向け、体重を両方のスキーに均等に乗せて滑ります。
（4）足の裏全体で雪面を踏みつけ、滑るスキーの上でバランスを取ります。
（5）肩の力を抜いて、ストックを軽く握ります。

指導の要点

（1）過度にスピードが上がらないよう、自然に停止できる地形（徐々に平らになるスロープ状の地形）を利用します。そうすることで、まだ制動方法を知らない段階でも、滑ることを体感できます。
（2）自然に停止できる地形を利用できない場合は、プルークによる制動と併用します（P36参照）。

S3403
＊上部QRコードのパスコード

② プルークファーレン

プルークスタンス（スキーのトップ側を閉じ、テール側を開く）をキープし、斜面を真下に向かって滑ります。この滑り方を、プルークファーレンと言います。

プルークスタンスによって両スキーに迎え角*ができ、内側のエッジがかかります。このことで、両スキーで均等に雪を削りながら、ゆっくりと滑ることができます。斜面を一定の速度で、安定したバランスで滑れるように導いていく、安全な指導プログラムです。

*迎え角……スキーが進行方向となす角度。横ズレの大きさを表す（P45、P173参照）。

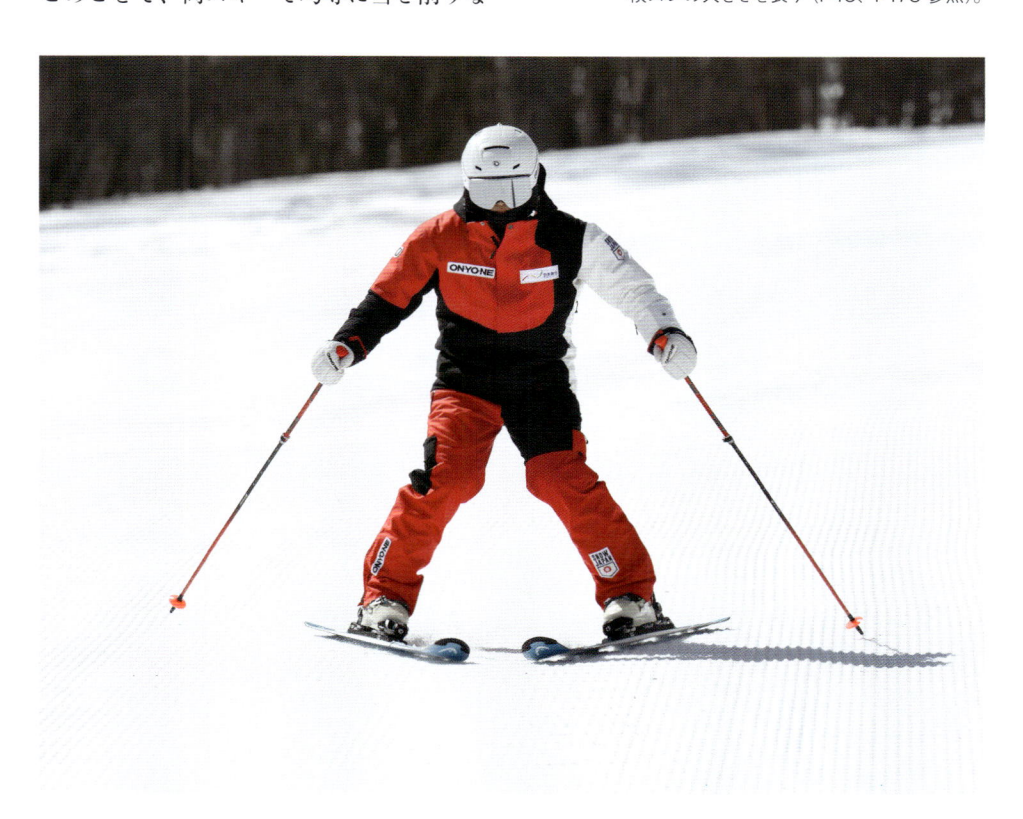

動作要領

（1）スキーのテール側を左右均等に開き、プルークスタンスをつくります。
（2）両スキーに均等に体重を乗せます。
（3）プルークスタンスを維持し、斜面を真下に向かって滑ります。
（4）左右均等な迎え角とエッジングを維持し、両スキーで雪を削ることによって、スピードを抑えながら滑ります。

指導の要点

（1）プルークスタンスを習得します。
（2）無駄な力を入れずに滑り、長い距離を滑ることのできるリラックスした姿勢を習得します。
（3）緩い斜面を利用し、スピードが上がり過ぎないように注意します。
（4）エッジングを強めることで、減速要素が強くなります。

II 止まる

① 直滑降からプルークで停止

　直滑降から左右のスキーをプルークスタンスに開き出し、両スキーで制動をかけて止まります。初心者が最初に習得する基本的な停止方法です。

1

2

3

動作要領

（1）直滑降で滑り出し、徐々に両スキーのテールを開き出して制動をかけます。
（2）プルークスタンスをさらに広げることで迎え角を大きく取り、エッジングを強めることによって制動を強めます。
（3）プルークスタンスを維持して止まります。

指導の要点

（1）左右のスキーに均等に制動をかけて止まる動作を習得します。
（2）反復することによって習熟度を上げ、安定して止まれるように導きます。
（3）緩い斜面を利用し、スピードが上がり過ぎないように注意します。
（4）両スキーで制動をかけ、真下を向いて停止する方法を習得したら、さらに強い制動をかけられるよう、横向きで停止する方法を指導します（P37参照）。

1

2

3

② プルークファーレンから停止

プルークファーレンで滑り出し、片方のスキーの制動を強めることで、横方向へと向きを変えて止まります。両スキーで制動をかけ、真下を向いたまま停止するよりも、より強い制動をかけることができます。

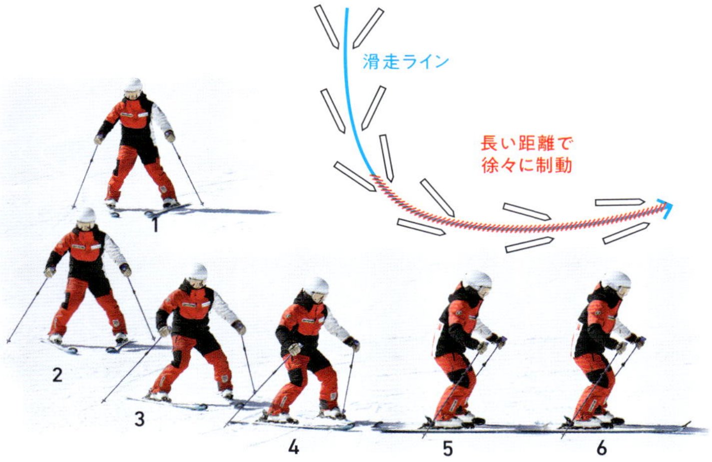
滑走ライン
長い距離で
徐々に制動
1
2
3
4
5
6

動作要領

(1) プルークファーレンから片方のスキーのテールを開き出して迎え角を大きく取り、エッジングを強めます。こうすると片方のスキーの制動が強まり、抵抗を受けることでスキーが横方向へと向きを変えます。
(2) プルークスタンスを維持して止まります。

指導の要点

(1) プルークスタンスで、ターン外側のスキーにより強い制動をかけ、停止する動作を習得します。

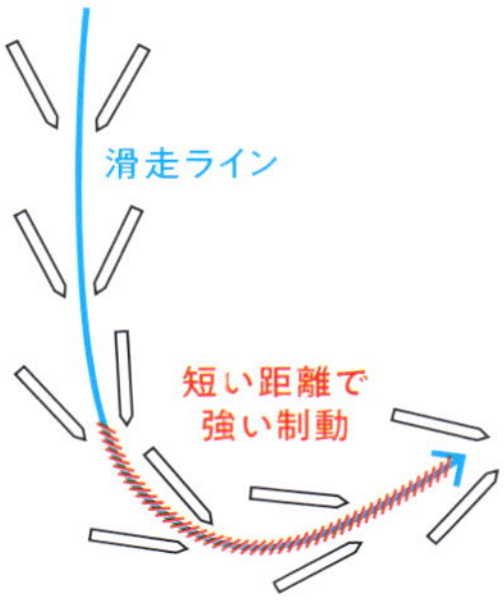
滑走ライン
短い距離で
強い制動

短い距離で停止
ターン外側のスキーの制動をさらに強めると、停止にかかる距離が短くなる。

③ 直滑降から停止

直滑降で滑り出し、片方のスキーの制動を強めることで、横方向へと向きを変えて止まります。

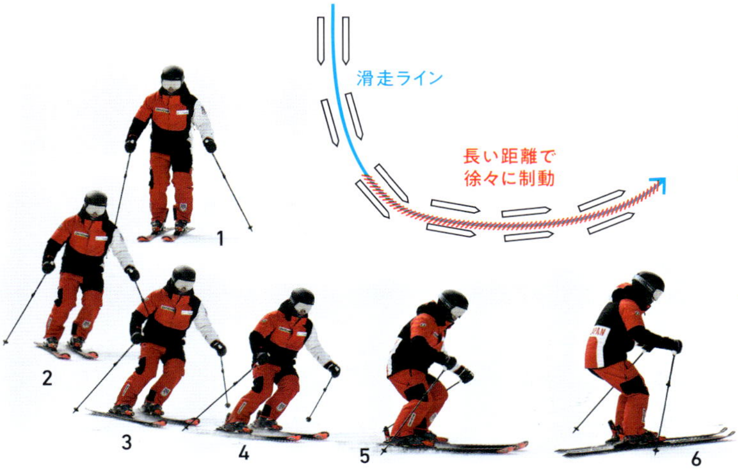
滑走ライン
長い距離で
徐々に制動
1
2
3
4
5
6

動作要領

(1) 直滑降から、ターン外側のスキーの制動を強めることで、スキーが横方向へと向きを変えます。
(2) 外スキーの制動を維持して止まります。

指導の要点

(1) パラレルスタンスで、ターン外側のスキーにより強い制動をかけ、停止する動作を習得します。

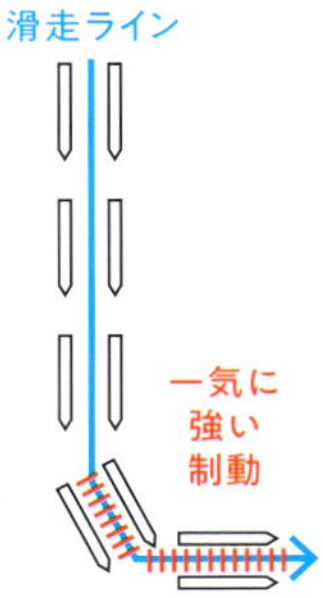
滑走ライン
一気に
強い
制動

フォールライン上で急停止
直滑降の延長線上でスキーを横向きにし、強い制動をかけることで急停止ができる。

III 回る

滑る ▷ 止まる ▷ 回る

① 直滑降とプルークファーレンの連続

　直滑降とプルークファーレンを連続して行ないます。両スキーの迎え角を変化させ、制動を強めたり、弱めたりすることによって、速度をコントロールします。制動と滑走を繰り返すこの運動が、初歩的なプルークボーゲンへとつながっていきます。

1

2

3

4

動作要領

（1）パラレルからプルークへと両スキーを開き出すことで、迎え角をつくり、制動をかけます。
（2）迎え角が大きくなるほど強い制動がかかります。このときに生じる抵抗を両スキーで受け止めます。
（3）スキーを徐々にパラレルに戻します。スタンスが狭くなることで、高い姿勢に戻ります。
（4）スタンスの変化と上下動を同調させ、制動に強弱をつける運動を繰り返します。

指導の要点

（1）両スキーで抵抗を受け止めるポジションを習得します。
（2）プルークからパラレルにすることで、姿勢が高くなり、上下動が生まれます。このスタンスの変化と上下動を同調させる一連の動作が、ターン運動へとつながっていきます。
（3）迎え角を変化させることで制動に強弱をつけ、制動と滑走をコントロールする運動を身につけます。

② 初歩的なプルークボーゲン

P38で行なった、制動に強弱をつける運動を、左右交互に行なっていきます。片方のスキーの制動を強めることで、抵抗が強まり、スキーがターンします。この運動を左右交互に行なうと、連続ターンになります。これが初歩的なプルークボーゲンです。交互操作によって、「外スキーから次の外スキーへ、ターン姿勢を入れかえる」という、ターン運動の基本を理解することが目標となります。

動作要領

（1）プルークファーレンから、片方のスキーのテールを開き出し、エッジングを強めます。

（2）片方のスキーにかかる抵抗が、より大きくなることで、スキーがターンします。

（3）切りかえでポジションを戻し、左右交互に同じ動きを繰り返します。

指導の要点

（1）ターン姿勢を入れかえる、基本的な運動を理解します。

（2）スタンスの変化とエッジングの強弱により、左右のスキーにかかる抵抗に強弱をつける動作を身につけます。

（3）スタンスの変化と上下動を連動させ、連続ターンにつながる運動を身につけます。

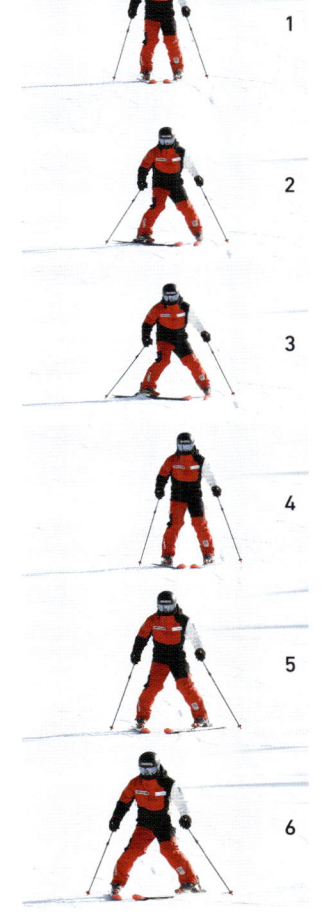

初歩的な外スキー操作

プルークファーレンで両スキーに均等に制動をかけていたものから、片方のスキーのテールを開き出し、迎え角を大きく取ります。このことで開き出したスキーにかかる抵抗が大きくなり、スキーがわずかにターンします。この初歩的な外スキー操作をベースに、外スキーのエッジングを強めることで、ターンを描くことができます。

39

1

2

3

4

3 プルークボーゲン（速度 制動）

　プルークスタンスをキープして、制動をかけながら連続ターンを行なっていきます。スピードをコントロールして、安全に滑れるようになることが、ここでの目標です。

　プルークボーゲンを習得することで、基本的なターン運動を身につけていくことが、パラレルターンへとつながっていきます。

動作要領

（1）外スキーの迎え角とエッジングのコントロールにより、制動をかけながらターンします。

（2）ターン中は、外スキーで抵抗を受け止めるポジションを維持します。

（3）切りかえでポジションを戻し、同じ要領で反対側のターンを行なっていきます。

（4）左右のスキーに交互に荷重を移し、左右均等なターンを描いていきます。

指導の要点

（1）プルークスタンスで迎え角ができているスキーに対して、エッジングと荷重を行なうことで、雪面抵抗の強弱をコントロールし、制動をかけながらターンする技術を習得します。また、ターン中はそのポジションを維持することを覚えます。

（2）切りかえでポジションを戻し、左右のスキーへの荷重を入れかえる運動を身につけます。

（3）プルークスタンスは、左右のスキーの間に重心を置くことで、両スキーに迎え角ができます。このスタンスを維持しながら、荷重とエッジングをコントロールすることで、外スキーで抵抗を受け止め、ターンを連続していきます。プルークボーゲンで、この基本的なターン運動を身につけることが、その先のパラレルターンの習得へとつながっていきます。

5

6

7

8

下肢3関節の役割／プルークとパラレル

　スキーの運動、特にターン動作においては、下肢3関節（股関節、膝関節、足関節）の機能を十分に理解して、各局面で的確な動作を行なえるように導くことが重要です。

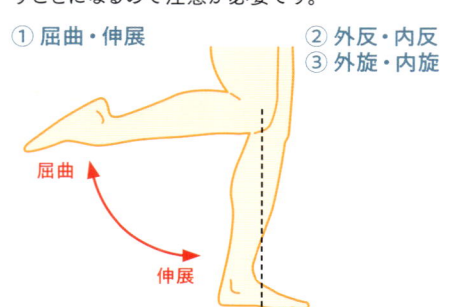

① 股関節

　下肢3関節の中でも、関節の動きの自由が最も大きく、上半身の姿勢に大きな影響をおよぼすのが、股関節です。

　股関節は、寛骨と大腿骨頭とが接触する部分であり、寛骨側が臼状になっていて、真球に近い大腿骨頭がその臼に収まるかたちになっています（球関節）。この構造により、ほかの関節に比べて動きの自由度が大きく、①屈曲・伸展、②外転・内転、③外旋・内旋の3つの動きが可能です。骨の動きは周りに付着している筋肉によって制限されますが、股関節の場合には、骨格の形状により筋肉の可動域制限の影響を最も受けにくくなっているともいえます。

① 屈曲・伸展

② 外転・内転

球関節

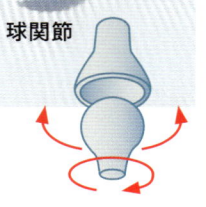

③ 外旋・内旋

② 膝関節

　膝関節は、大腿骨と脛骨が接触する部分であり、靭帯で接続されているという特徴を持っています。①屈曲・伸展、②外反・内反、③外旋・内旋の3つの動きが可能ですが、蝶番関節と呼ばれる形状により、屈曲・伸展方向の可動域が大きい一方で、外反・内反および外旋・内旋方向の可動域は小さくなっています。

　このため、膝関節のみでエッジングをしようとすると、可動域の小さい外脚の膝関節の外反動作に頼ってしまうことになり、外反方向に大きなストレスをおよぼすことになるので注意が必要です。

③ 足関節

　足関節は、脛骨と距骨の間にある距腿関節と、腓骨と距骨・踵骨の間にある距骨下関節という2つの関節がありますが、一般的には距腿関節のことを指します。距腿関節は、蝶番関節と呼ばれる形状をしており、①底屈・背屈、②外反・内反などの動きが可能となっています。

　ターン中は、足関節を背屈方向に動かしてブーツを背屈させること、およびエッジングの際に外脚の足関節を外反方向へと動かすことが必要となります。

① 屈曲・伸展
② 外反・内反
③ 外旋・内旋

① 底屈・背屈

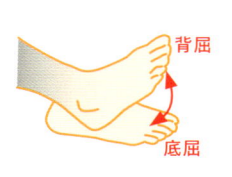

② 外反・内反

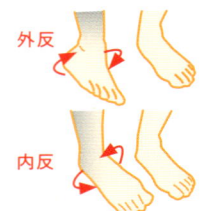

プルークスタンスでの
3関節の動き

　プルークスタンスでは、外脚も内脚も、3関節がすべて同じ方向に動きます。

外脚・内脚

股関節	屈曲・外転・内旋
膝関節	屈曲・外反・外旋
足関節	背屈・外反

パラレルスタンスでの
3関節の動き

　パラレルスタンスになると、外脚の3関節と、内脚の3関節が、異なる方向に動きます。

外脚

股関節	屈曲・外転・内旋
膝関節	屈曲・外反・外旋
足関節	背屈・外反

内脚

股関節	屈曲・内転・外旋
膝関節	屈曲・内反・内旋
足関節	背屈・内反

下肢3関節の役割／外向傾姿勢

　ターン運動において「外向傾姿勢」は欠かせません。

　上体の動きを制御し、下肢3関節を使って脚を回旋させることで、スキーの直進方向に対して迎え角を取ることが「外向」です。また、足関節など脚部主体の動きを使ってエッジングをすることで「外傾」が生まれます。

　これらを組み合わせることで、ターン運動に必要な「外向傾姿勢」がつくられることを理解します。

自然位と直滑降時のスタンスの違い

　日常生活における足の自然位は、かならずしも身体の向きと同じではなく、一般的にはつま先がやや外に開いています。それにより直滑降時には、股関節をやや内旋させるなど、つま先を進行方向（フォールライン）に向けるために調整します。プルークスタンスの両脚、パラレルスタンス（ターン姿勢）の外脚も同様に、自然位より内旋します。

一般的な自然位　　　直滑降時

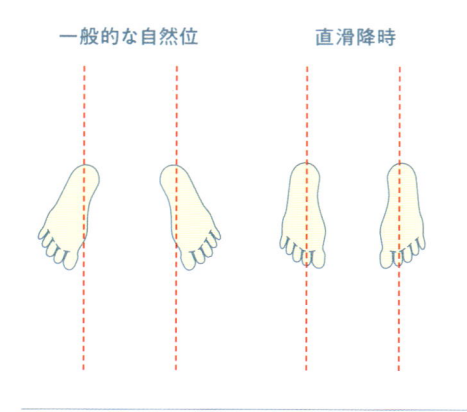

パラレルスタンス（直滑降）

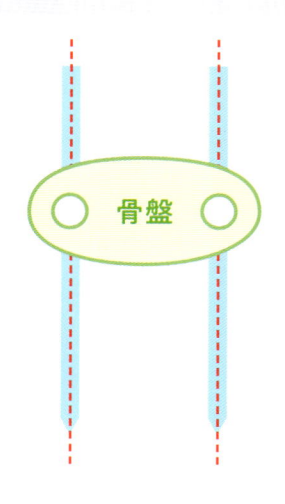
骨盤

両脚

股関節	屈曲・内旋
膝関節	屈曲
足関節	背屈

プルークスタンス　　　　　パラレルスタンス（ターン姿勢）

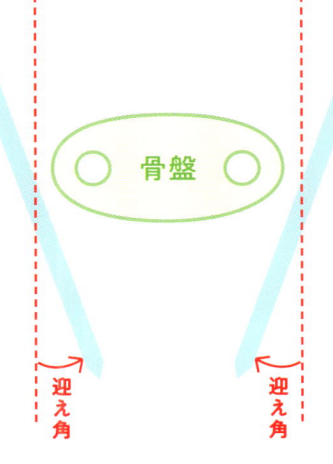
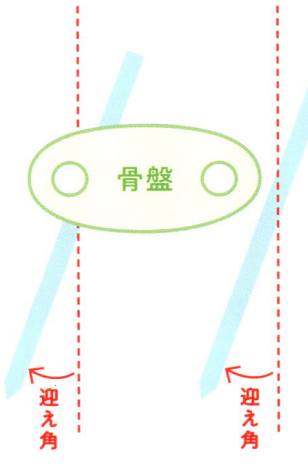

迎え角　　迎え角　　　　　　　迎え角　　迎え角

外脚・内脚

股関節	屈曲・外転・内旋
膝関節	屈曲・外反・外旋
足関節	背屈・外反

外脚

股関節	屈曲・外転・内旋
膝関節	屈曲・外反・外旋
足関節	背屈・外反

内脚

股関節	屈曲・内転・外旋
膝関節	屈曲・内反・内旋
足関節	背屈・内反

スキーヤーに働く力

　滑走中、スキーヤーにはさまざまな力が作用します。下の図は、その中でも主となる2つの力の作用に着目し、図式化したものです（雪面の凹凸や摩擦、空気抵抗といったものは考慮せず、あえて簡略化しています）。

　1つは、「重力」です。地球の中心に向かって引っ張られる力のことで、常に鉛直方向（真下）へ作用します。もう1つの「慣性力」は、加減速によって生じるもので、加速するときは後ろに、減速するときには前に作用します。

　①と②の矢印は、それぞれの力の大きさと方向を示しています。この2つの矢印で平行四辺形をつくったときの対角線が、重力と慣性力を合わせた力、「合力」です。この合力の矢印（③）が、足首の中心を貫くような姿勢を取ることで、足首がリラックスし、楽にバランスを取ることができます（センターポジション）。

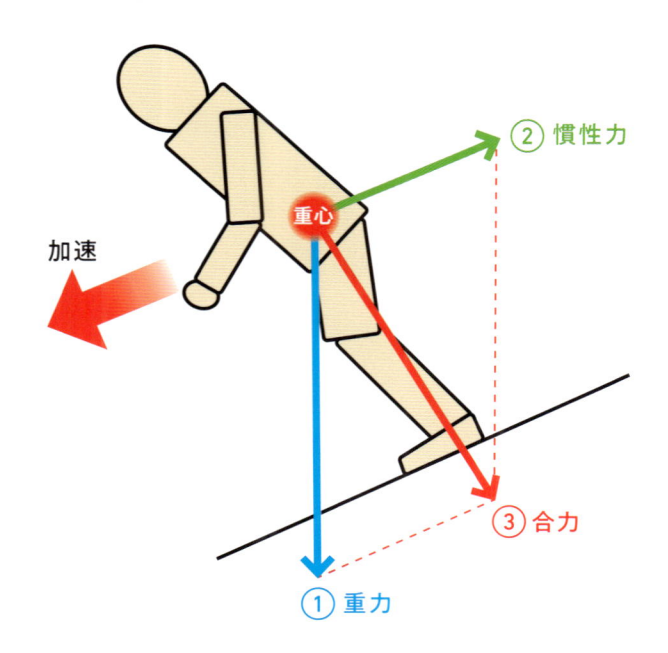

① 重力
地球の中心に向かって引っ張られる力。
常に鉛直方向（真下）に向かって作用する。

② 慣性力
加減速によって生じる力。加速するときは後ろに、減速するときには前に作用する。

③ 合力
重力と慣性力を合わせた力。
①と②でできる平行四辺形の対角線

重力の方向は常に一定なのに対して、慣性力は、加速するのか、減速するのかによって、作用する方向が逆になります。たとえば乗り物に乗っているとき、急発進すると身体が後ろに引っ張られ、急ブレーキをかけると前に倒れそうになるのは、どちらも慣性力によるものです。

　スキーでも、滑り出すときには加速していくので、身体が後ろに引っ張られる方向へと慣性力が働きます。そのため、姿勢をやや前傾させてバランスを取ることが必要になります。

　これとは逆に、制動をかけて停止する際には、減速していきますので、身体が前に倒れそうになる方向へと慣性力が働きます。これに対して、姿勢をわずかに後傾させてバランスを取ることが必要になります。

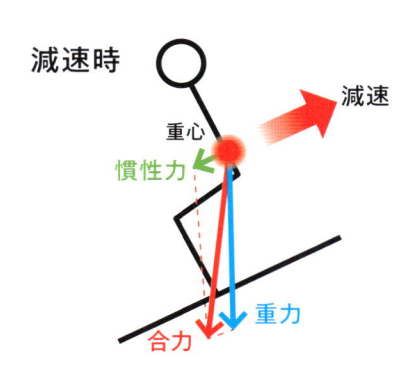

減速していくときには、前に倒れる方向に慣性力が働くため、姿勢をわずかに後傾させてバランスを取る。

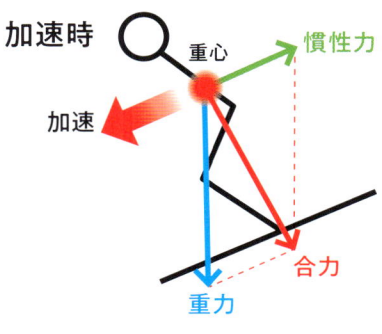

加速していくときには、後ろに引っ張られる方向に慣性力が働くため、姿勢をやや前傾させてバランスを取る。

ベーシックパラレルターンへの指導の展開

3つの基本動作

ポジショニング
荷重動作
エッジング

プルークボーゲン
推進（カービング）

制動（スキッディング）
シュテムボーゲン

ベーシックパラレルターン

パラレルスタンスで安全に滑る技術を習得する

プルークボーゲンの次に目標となるのは、パラレルターンです。プルークで学習した「外スキー操作」をベースに、内スキー操作がともなってくることで、パラレルターンへとつながっていきます。一定の速度をキープしながら、正確な動作で、安全に滑れるように導いていきます。

ここでは、その目標となる滑りを「ベーシックパラレルターン」と位置づけ、そこへ導くための指導法として2つのアプローチを紹介しています。1つは、プルークボーゲンの滑走性を高めることでベーシックパラレルターンへと導くもの（速度 推進）、

もう1つは、シュテム動作を用いてスピードを抑えながらベーシックパラレルターンへと導くものです（速度 制動）。

この2つの展開は、どちらか一方が優れているというものではなく、それぞれに優位性があります。そのことを理解し、一人ひとりに合った指導を展開することができれば、初心者を無理なく安全に、新たなフェーズへと誘うことができるでしょう。そして何より、ここで学んだ基本動作が、パラレルターンの習熟度を高めていくための、重要な足がかりとなります。

I 3つの基本動作

動画でcheck!
コピー禁止

プルークボーゲンでは、股関節の運動（外転・内旋）を中心に、プルークスタンスを維持して連続ターンを行なってきました。そこからパラレルターンへと展開していくためには、股関節の運動に加え、足関節、膝関節という3つの関節を連動させる必要があります。ここでは、そういった脚部主体の運動を習得するために重要な「ポジショニング」「荷重動作」「エッジング」という3つの基本動作について、解説していきます。

この3つの基本動作は、推進・制動といったスピードのコントロールはもとより、実践におけるターンコントロールの質を高める上でも重要な要素となります。さらには、さまざまな斜面、雪質への対応においてもベースとなるのはこの基本動作です。

つまりこれらの動作は、パラレルターンの習得に必要であることはもちろん、その精度を高め、自在なターンコントロールを身につけていく上でも欠かすことのできない技術の土台となるものです。そのことを理解し、低速から高速まで一貫した組み立てで指導を行なっていくことが求められます。

1

ポジショニング
センターポジション

2

荷重動作
屈曲・伸展

3

エッジング
内旋・外旋

S5004

＊上部QRコードのパスコード

① ポジショニング（センターポジション）

　センターポジションとは、「全身をリラックスさせた状態で、素直にスキーに体重を預けられるポジション」のことをいいます。滑走時にセンターポジションを取ることで、筋肉を緊張させることなく、スキーの上に楽に立つことができます（下図参照）。

　ターン中に生じる斜度変化や、遠心力に対してバランスを取っていくためには、3関節（足関節、膝関節、股関節）を連動させ、センターポジションをキープすることが重要です。滑走時にこのポジショニングを正確に行なっていくことで、いつでも動ける状態を保つことができ、バランスのいい効率的な運動が可能となります。

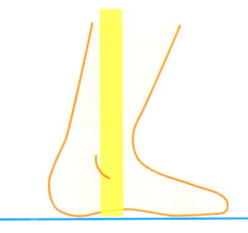

体重を預ける位置（目安）

この位置に体重を預け、スキーの上に楽に立つ（センターポジション）

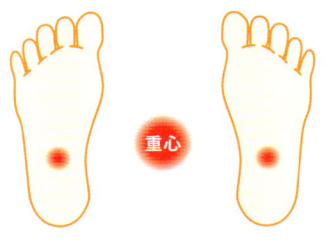

重心

動作要領

（1）足関節がリラックスした状態で動かせる位置に、重心を置きます。
（2）足関節、膝関節、股関節の3関節が、連動したポジションをキープします。
（3）高い姿勢でも、低い姿勢でも、センターポジションをキープします。

指導の要点

（1）滑走時にセンターポジションをキープすることで、効率的な運動が可能となります。
（2）センターポジションが、荷重動作やエッジングのベースとなります。

② 荷重動作

　スキーに体重を預けたり、戻したりする動作を、荷重動作といいます。

　ターン中は、外スキーに「体重を預ける」ことで、エッジングが緩まないようキープします。一方、切りかえでは、外脚の伸展（ストレッチング）によってポジションを戻し、次の外脚に体重を預けます（ターン姿勢の入れかえ）。この一連の動作を、3関節（足関節、膝関節、股関節）を連動させることによって行なっていきます。

連動

動作要領

（1）ターン中は、エッジングが緩まないように、外スキーに体重を預けます。
（2）切りかえでは上下動をベースに、ターン姿勢を入れかえます。

指導の要点

（1）体重を預けるときも、戻すときも、センターポジションをキープします。そのためには、3関節（足関節、膝関節、股関節）を連動させることが重要です。
（2）荷重動作を的確に行なうことが、正確なターン運動の習得につながります。

③ エッジング

ターン中は、エッジングを行なうことによって、雪面からの抵抗や遠心力に対してバランスを取ります。このことで、ターン姿勢をキープします。

荷重動作と同様、3関節を連動させて行なっていきますが、エッジングにおいて特に重要なのは、股関節（内旋・外旋）と、足関節（背屈、外反・内反）です。これらの関節の運動と上下動を組み合わせてエッジングをコントロールすることにより、ターン中の圧変化に対応していきます。

動作要領

（1）センターポジションをキープし、脚部主体の運動でエッジングを行ないます。
（2）ターン中に受ける遠心力に対して、エッジングを強めてバランスを取ります。このエッジングの強弱によって、圧変化に対応し、ターン姿勢をキープします。

指導の要点

（1）エッジングで重要なのは、雪面に近い関節（足関節）から動かすことです。具体的には、外足の「背屈および外反」、内足の「背屈および内反」を意識して行ないます。

II プルークボーゲン 〜 ベーシックパラレルターン
推進と制動の指導の展開

動画でcheck!
コピー禁止

1　2　3　4

① プルークボーゲン（速度 推進）

　3つの基本動作をベースに、滑走性の良いプルークボーゲンを行なっていきます。

　初歩的なレベルのプルークボーゲンは、股関節の運動を中心にして迎え角を維持し、スピードを抑えながら連続ターンを行なっていました。次は、3関節（足関節、膝関節、股関節）を連動させた、脚部主体の運動によって外スキーのカービング性能を引き出し、滑走性を上げていきます。

　この脚部主体の運動によって雪面抵抗の強弱をコントロールできるようになると、スピードやターン弧を自在にコントロールできるようになります。滑走性の良いプルークボーゲンで、外スキー操作の正確性を高めていくことが、パラレルターンの習得へとつながっていきます。

S5405
＊上部QRコードのパスコード

（1）プルークスタンスで、センターポジションをキープします。

（2）足関節、膝関節、股関節を連動させ、脚部主体のエッジングを行ないます。

（3）ターン中はエッジングが緩まないように外スキーに体重を預け（荷重動作）、ターン姿勢をキープします。

（4）切りかえでは、荷重動作（ストレッチング）によってニュートラルなポジションに戻し、次の外スキーに体重を預けます（ターン姿勢の入れかえ）。

（5）同じ動作を繰り返し、連続ターンを行なっていきます。

（1）ベーシックパラレルターンにつながる基本的な運動要素（3つの基本動作）を理解します。

（2）正確な外スキー操作の理解を深めていきます。

（3）滑走性が上がっても安全に滑れるよう、緩い斜面で行ないます。

ベーシックパラレルターンへの指導の展開

Part 1

② プルークボーゲン〜ベーシックパラレルターン

プルーク 速度 推進

滑走性の良いプルークボーゲンから、ベーシックパラレルターンへと展開していきます。外スキーのエッジングを強め、スキーのカービング性能を引き出すことで、推進力が生まれます。これにともない、内脚の股関節が内旋から外旋へ、足関節が外反から内反へと入れかわり、パラレルスタンスへと変化していきます。

3つの基本動作による脚部主体の運動をベースに行なっていきます。

動作要領

（1）プルークボーゲンで滑り出し、外スキーのエッジングを強めます。
（2）ターン中は、エッジングが緩まないように外スキーに体重を預け（荷重動作）、ターン姿勢を維持します。
（3）外スキーのカービングを強めることで外脚のバランスを安定させて、内スキー操作（足関節の背屈・内反、股関節の外旋）を行ないます。
（4）荷重動作（ストレッチング）でニュートラルなポジションに戻り、ターン姿勢を入れかえます。

指導の要点

（1）プルークボーゲンからの一貫した運動要領で、パラレルターンへと展開していきます。
（2）速度を高めることでパラレルターンへと導いていくことが、このプログラムの特徴です。
（3）初歩動作で行なったように、十分に制動をかけられることが、このプログラムを用いる前提となります。
（4）スキーの滑走性が上がっても、安心して滑れるような緩い斜面で行ないます。

屈曲・外転・内旋

背屈・外反

屈曲

背屈

屈曲・内転・外旋

背屈・内反

足関節と股関節の動き

外脚

写真	足関節	股関節
①②③	背屈　外反	屈曲　外転　内旋

内脚

写真	足関節		股関節	
①	背屈	外反	屈曲	外転　内旋
②	背屈	↓	屈曲	↓
③	背屈	内反	屈曲	内転　外旋

ベーシックパラレルターンへのプロセス [速度 推進]

　3つの写真は、プルークからパラレルへとスタンスが変化するプロセスを示したものです。脚部の関節の動きに着目すると、外脚は一定なのに対し、内脚は関節の運動が徐々に変化していきます。

　プルークスタンスでは、内脚は外脚と同様、股関節は「内旋」し、足関節は「外反」しています（写真①）。滑走性が上がると、この内スキーのスタンスをキープすることが難しくなり、内旋および外反が徐々に弱まります（写真②）。さらに、股関節が内旋から「外旋」へ、足関節が外反から「内反」へと入れかわることで、パラレルスタンスへと変化します（写真③）。

③ シュテムボーゲン（速度 制動）

シュテム動作を用いるこのプログラムは、ターン前半から外スキーに体重を預けるポジションが取りやすく、切りかえでターン姿勢を入れかえる動作が理解しやすい、という特徴があります。そのため、左右のターンを切りかえていく不安定な局面で安定したターン始動が行なえること、さらにはスピードのコントロールがしやすく、斜度への対応がしやすい、といった優位性があります。

動作の要領としては、まずターン前半の外スキーの開き出しによって、スキーの方向づけを行ないます。次に、外スキーのエッジングと荷重動作によって制動をかけながら、舵取りを行なっていきます。外脚でバランスが取れたら内スキーを引き寄せ、スタンスを狭くします。この動作を繰り返し、連続ターンを行なっていきます。

1
2
3
4

（1）ターン前半に外スキーを開き出すことで迎え角をつくり、次のターン方向を捉えます。
（2）外脚の伸展（ストレッチング）と、次の外脚の開き出しを合わせて行ないます。初歩動作で行なった「方向転換（テール開き）」と同じ要領です。
（3）ターン中は、開き出した外スキーの上でバランスを取り、制動をかけながら舵取りを行なっていきます。徐々に内スキーを引き寄せ、プルークスタンスを狭くしていきます。
（4）同じ要領で、連続ターンを行なっていきます。

指導の要点

（1）外スキーに体重を預けたポジションを、切りかえでニュートラルに戻すことによって、次の外スキーに体重を預ける動作を的確に行なうことができます。この「ターン姿勢を入れかえる」動作を習得します。
（2）ターン中は迎え角を維持し、一定の速度で滑ります。
（3）外スキーでバランスを取るポジションを身につけます。
（4）切りかえで伸展し、舵取りで屈曲するという脚の運動を身につけます。
（5）スピードを抑えられること、斜度へ対応しやすいことが、このプログラムの特徴です。

方向転換の要領で
ポジションを移行

　テール開きの方向転換と要領は同じです。外脚（体重を預けている脚）を伸展させて次の外脚を開き出し、その外脚に体重を預け、内脚を引き寄せます。

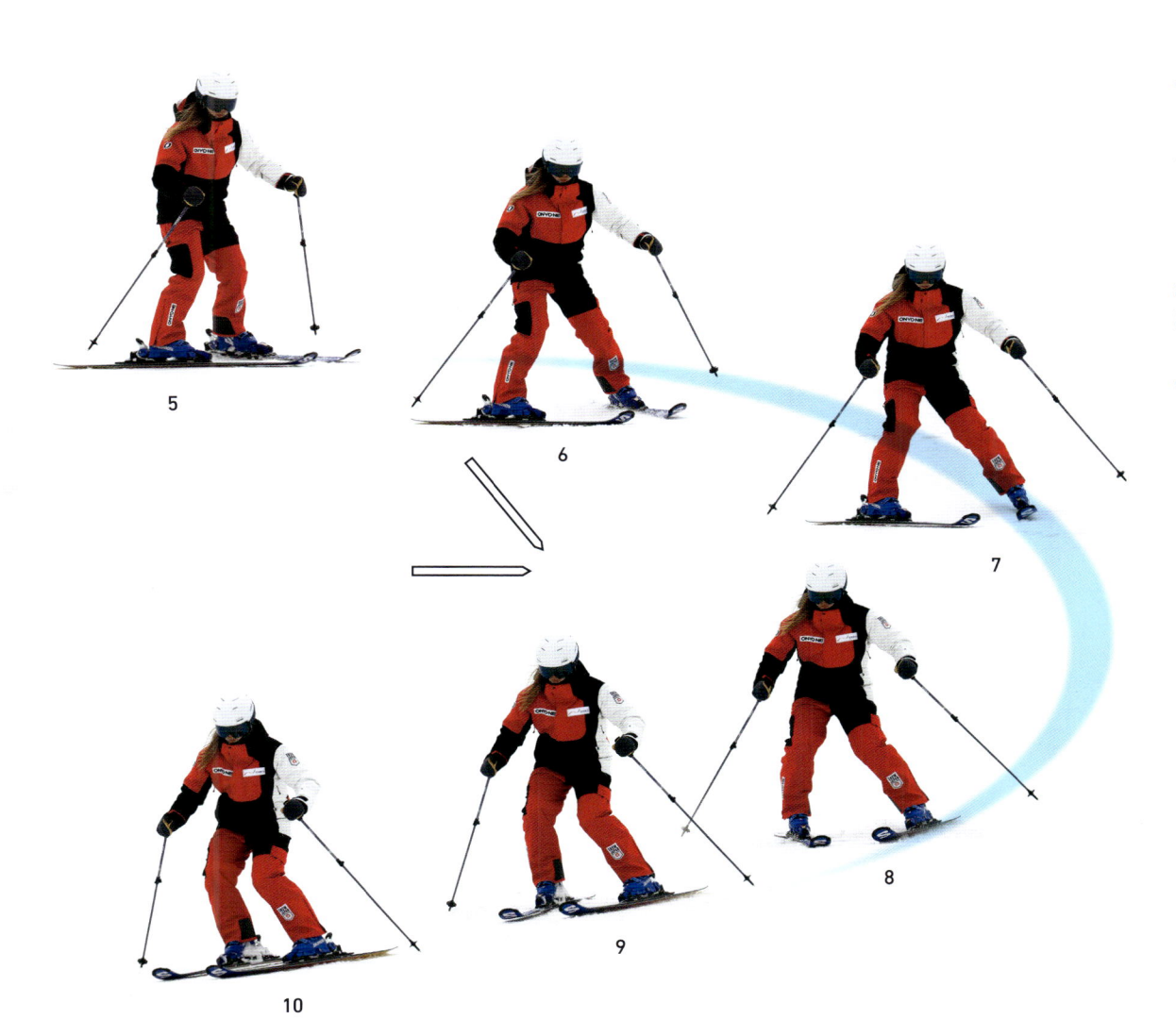

プルークボーゲン〜ベーシックパラレルターン

初歩動作の要領でプルークボーゲンを行ない、シュテムボーゲン、ベーシックパラレルターンへと展開します。

スタンスの変化を利用することで、正確に外脚でバランスを取りやすく、安定したポジションでパラレルターンへと導くことができるのが、このプログラムの特徴です。

動作要領

（1）初歩動作で行なった要領で、プルークボーゲンを行ないます。

（2）ターン前半に外スキーを開き出し、次のターン方向を捉え、迎え角を維持して滑ります。

（3）体重を預けた外スキーでバランスを取り、徐々に内スキーを引き寄せ、プルークスタンスを狭くします。

（4）開き出す量を徐々に減らし、パラレルターンへと展開していきます。スタンスが狭くなっても迎え角を維持し、制動をかけながら外スキーでバランスを取ります。

指導の要点

（1）切りかえでターン姿勢を入れかえる動作を習得します。

（2）ストレッチングで「戻る」、次の外脚に「預ける」（荷重動作）、という一連の動作のタイミングを理解し、習熟させていく上でも役立ちます。

（3）迎え角を維持し、外スキーでバランスを取るポジションを身につけます。

ベーシックパラレルターンへの プロセス［速度 制動］

　シュテム動作で迎え角をつくり、外スキーの正確なバランスを維持して滑ることによって、ターンをコントロールすることができます。エッジングが強まることで、内スキーの引き寄せが可能となります（連続写真①）。

　この動作の習熟度を高めることで、内脚の股関節が「内旋」から「外旋」へ、足関節が「外反」から「内反」へと入れかわり、パラレルスタンスへと変化しています（連続写真②）。

プルークボーゲン〜ベーシックパラレルターン 2つの展開

速度 制動（シュテム）

シュテム動作を用いた展開は、制動をかけながらパラレルターンへと展開しやすいところに特徴があります。開き出した外スキーの迎え角を維持し、外スキーでバランスを取りながら、内スキーの引き寄せを行ないます。

速度 推進（プルーク）

プルークからの展開では、外スキーのエッジングを強め、カービング性能を引き出すことによって滑走性を上げていきます。速度を高めることでパラレルスタンスへと展開しやすくしている点に、特徴があります。

ターン始動（速度 制動）

シュテム動作を行なうことで迎え角をつくり、外スキーの方向づけを行なっている。この迎え角を維持することで、制動をかけている。

推進
制動

推進
制動

ターン始動（速度 推進）

正確な外スキーのエッジングにより雪面を捉えている。このことでカービング性能を引き出し、滑走性を上げている。

⑤ ベーシックパラレルターン（緩中斜面）

　ベーシックパラレルターンを、緩中斜面で行ないます。難易度の低い安全な斜面を選び、基本的な動作を正確に行なっていきます。同じズレ幅をキープしながら、一定の速度、一定のリズム、同じターン弧で滑れるようになることが目標です。

推進 ▨▨▨□□□□□□□
制動 ▨▨▨▨▨▨▨▨□□

動作要領

（1）3つの基本動作をベースとした脚部主体の運動で、パラレルターンを行ないます。
（2）迎え角を維持し、スピードをコントロールします。
（3）切りかえでポジションを戻し、次の外スキーへ体重を預ける動作（ストレッチング）を正確に行ないます（ターン姿勢の入れかえ）。
（4）一定の速度で、連続ターンを行ないます。

指導の要点

（1）スピードをコントロールしながら、安全にパラレルターンができるようになることが、ここでの目標です。
（2）スピードが上がり過ぎない緩い斜面で行なうことで、正確な動作を身につけることができます。
（3）繰り返し行なうことで、基本的な運動の習熟度を上げていきます。

6 ベーシックパラレルターン（中急斜面）

中急斜面で、ベーシックパラレルターンを行ないます。運動の要領は同じでも、斜度が上がることでコントロールが難しくなります。エッジングで抵抗を捉え、スピードとターン弧をコントロールする必要があります。

緩斜面でも急斜面でも安定したバランスで、一定の速度、一定のリズムで滑れるようになることが、「ベーシックパラレルターンへの指導の展開」の目標です。

推進
制動

動作要領

（1）3つの基本動作をベースとした脚部主体の運動で、パラレルターンを行ないます。
（2）切りかえはストレッチングによってポジションを戻し、次の外スキーへの荷重動作を行ないます。
（3）迎え角とエッジングによって、制動のコントロールを行ないます。
（4）一定の速度で、連続ターンを行ないます。

指導の要点

（1）斜度が上がっても、スピードとターン弧をコントロールできるよう、基本動作の習熟度を高めていきます。
（2）緩斜面でも急斜面でも、一定の速度で安全にパラレルターンができるようになることが目標です。

ダイナミックパラレルターンへの指導の展開

ダイナミックパラレルターンへの指導の展開

斜面・雪質への対応

ターン始動の
ポジショニング

ターン制御
スピード制御

シュテムターン
カービング

横滑り
スキッディング

ターン姿勢の
入れかえ
ステッピング
スケーティング

ダイナミックパラレルターン

急斜面
不整地
パウダースノー
アイスバーン

パラレルターンの
習熟度を高める

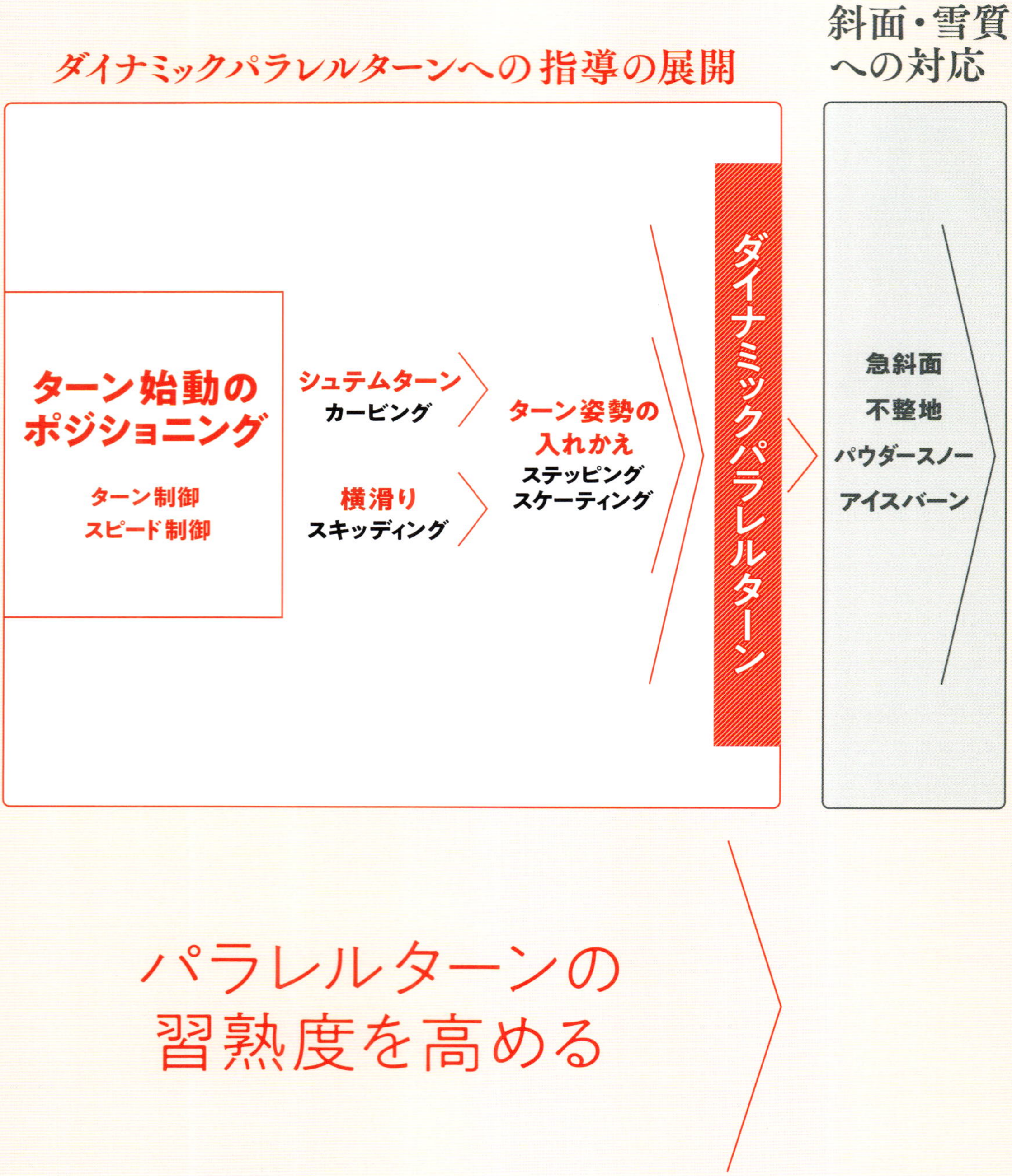

ここからは、ベーシックパラレルターンで学習した基本動作をベースに、その習熟度を高め、実践的なパラレルターンへと展開していきます。

「ダイナミックパラレルターンへの指導の展開」では、ハイスピードや急斜面など、あらゆる状況に対応できる実践的なパラレルターンを、ダイナミックパラレルターンと位置づけ、その習得に向けたアプローチを紹介しています。

まずはターンの組み立てを改めて整理し、「切りかえ」と「舵取り」、それぞれの局面で必要な運動要素について理解を深めていきます。特に重要なことは、切りかえでターン姿勢を正確に入れかえ、雪面を捉えることです。この一連の動作が、舵取りでの自在なターンコントロールへとつながっていきます。

この理解のもと、「横滑り」と「シュテムターン」という2つのバリエーションで、パラレルターンの習熟度を上げていきます。さらに、スケーティングやステップを活用し、カービングでのコントロールの精度を高めることによって、スキーの推進方向へと積極的に動くダイナミックパラレルターンへと展開していきます。

急斜面などの難しい条件やハイスピードの中でも、動的バランス（ダイナミックバランス）で自在にターンをコントロールできるようになることが、ここでの目標です。

Ⅰ ターンの組み立て

1

2

3

　パラレルターンの習熟度を上げていくためにまず必要なことは、「切りかえ」と「舵取り」、それぞれの局面において求められる運動要素を理解することです。

　左右のターンをつなぐ「切りかえ」の局面では、ターン姿勢を正確に入れかえ、雪面を捉えます。このとき、「外スキーに体重を預け、切りかえで戻し（ストレッチング）、次の外スキーに体重を預ける」という一連の動作を、斜面やスピードに合わせ、的確に行なっていく必要があります。

　このターン後半から切りかえの動作が、その後の舵取りにつながってきます。舵取りでは、ターン姿勢を維持しながら、エッジングと荷重動作によってスピードとターン弧をコントロールします。ターン前半、雪面を捉えるポジションをセットすることによって、その後の舵取りをスムーズに行なうことができ、ターン弧の大きさや深さ、そして加速も減速も、自在なコントロールが可能となるのです。

　ここでは、ターン前半に雪面を捉えるポジションと、そのポジションを取るために必要なターン後半からの一連の運動を「ターン始動のポジショニング」と位置づけ、そこで必要な運動要素を解説していきます。そして、この「ターン始動のポジショニング」を正確に行なうことで可能となる、舵取りでのターンコントロール（スキッディングとカービング）について解説していきます。

S7006
＊上部QRコードのパスコード

ポジションを
セットして
雪面を捉える

4

5

6

① ターン始動のポジショニング ①

ターン姿勢の入れかえ

ターン前半

3

　ターン前半に雪面を捉えるポジションを取るためには、ターン後半から次のターンに向けて、正確に「ターン姿勢を入れかえる」動作が必要です。

　ターン後半、外脚に体重を預けたポジションから（写真1）、その外脚を伸展させること（ストレッチング）によって（写真2）、次のターン方向（谷側）へと姿勢を入れかえます（写真3）。ここで重要なことは、ニュートラルなポジション（写真2）からスキーの方向づけを行ない、ポジションをセットすることです（写真3）。そこからエッジングと荷重動作によってターン姿勢を深め、舵取りを行なっていきます。

ニュートラル　　　　　　**ターン後半**

2

1

動作要領

（1）外脚の伸展（ストレッチング）によって、ターン姿勢を入れかえます。

（2）スキーの方向を次のターン方向に向け、エッジングと荷重動作によって雪面を捉えます。

（3）一連の動作を、センターポジションをキープして行ないます。

② ターン始動のポジショニング ②

斜度変化と遠心力に合わせる

　ターン始動のポジショニングで意識しなければならないのは、斜度変化と遠心力への対応です。

　斜面上で連続ターンを行なうと、1ターンごとに斜度の緩急の変化が起こります。具体的には、ターンの切りかえ時点がもっとも緩やかで、最大傾斜線に絡んでいく局面がもっとも急になります。この斜度変化に合わせ、センターポジションをキープしていく必要があります。

　同時に、雪面を捉えるターン前半では、回転の外側に引っ張られる力（遠心力）が働きます。これに対し、エッジングを強めてバランスをキープすることが必要になります。

ニュートラル

ターン前半

2

3

動作要領

（1）斜度が一定であっても、ターンすることで斜度の緩急が変化します。

（2）ターン前半の斜度変化に対して、前傾姿勢でバランスを取ります。

（3）遠心力に対してはエッジングを強めて（脚を内傾させて）バランスを取ります。

ターン後半

1

ターン中の斜度変化

　斜面上での連続ターンの中では、1ターンごとに斜度の緩急が変化する（図1）。特に切りかえからターン前半の局面では、緩斜面から急斜面へと変化するため、斜度の増加に合わせて前傾姿勢を取ることが、センターポジションをキープするために重要となる。

　このターン中の斜度変化は、凹凸バーンを直滑降した場合の斜度変化に置きかえることができる（図2）。ターン後半から切りかえに向かって斜度が緩くなり（①→②）、次のターンに入るところでまた斜度が急になる（②→③）。

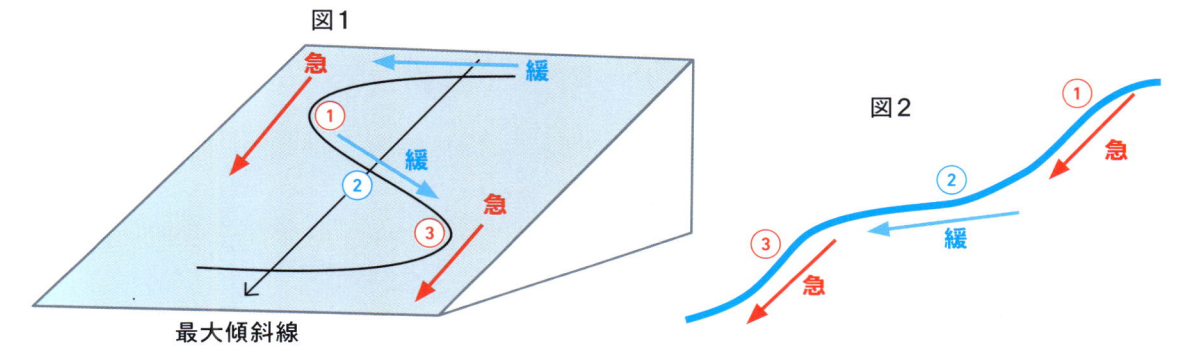

図1

急　緩

① 緩

② ③ 急

最大傾斜線

図2

① 急

② ③ 緩

急

③ ターン始動のポジショニング ③
プルークボーゲン、シュテムターン、横滑り

プルークボーゲンやシュテムターン、横滑りにおいても、ターン始動のポジショニングを正確に行なうことが重要です。下の3つの写真は、それぞれのターン前半の局面を抜き出したものですが、共通しているのは、外スキーでバランスを取り、正確に雪面を捉えていることです。緩斜面では、ターン中に起きる斜度変化が少なくなるため、ターン姿勢の入れかえと、ターン始動のポジショニングが確認しやすくなります。

指導を行なう中で、プルークボーゲン、シュテムターン、横滑りを活用することは、基本的な動作を確認する上で有効であり、一貫性のある指導の組み立てを意識して取り入れていくことが重要です。

プルークボーゲン

シュテムターン

横滑り

プルークボーゲン

プルークボーゲンは、エッジングとスキーの迎え角があらかじめセットされたスタンスで滑り出すため、外脚を伸展させること（ストレッチング）でターン姿勢を入れかえ、ターン前半にポジションをセットして雪面を捉えます。この一連の動作を、ターン中の斜度変化が少ない緩斜面で行なうことによって、正確な動きを確認することができます。

この切りかえの運動は、パラレルターンでも同じです。プルークボーゲンで正確な動作を身につけることが、パラレルターンの習熟度を高めることにつながっていきます。

ターン後半　1　　ニュートラル　2　　ターン前半　3

1　　2　　3

動作要領

（1）外脚の伸展（ストレッチング）と、次の外脚への荷重動作（体重を預ける動き）でターン姿勢を入れかえます。

（2）舵取りではターン姿勢を維持し、エッジングと荷重動作でターンをコントロールします。

（3）ターン前半の斜度変化に対して、前傾姿勢を取ることでポジションを合わせます。

シュテムターン

ターン後半から切りかえで、外脚を伸展させる動きに合わせて次の外スキーを開き出すことによって、ダイレクトに次のターン姿勢をセットします。

この開き出しによって、次のターン方向（谷側）にスキーの方向づけを行ない、斜度変化にポジションを合わせ、雪面を捉えます。コンパクトな動きでスピーディにターン姿勢を入れかえ、ターンの大きさや深さをコントロールするために必要なポジションをセットすることができれば、舵取りでの自在なコントロールが可能となります。

ターン後半　　　　ニュートラル　　　　ターン前半

1　　　　　2　　　　　3

1　　2　　3

動作要領

（1）切りかえで外脚を伸展させる動きに合わせて次の外スキーを開き出し、ターン姿勢を入れかえます。
（2）ターン前半の斜度変化に対して、前傾姿勢を取ることでポジションを合わせます。
（3）次のターン方向（谷側）へ、スキーの方向づけを行ないます。
（4）舵取りではターン姿勢を維持し、エッジングと荷重動作でターンをコントロールします。

横滑り

横滑りでも、切りかえの運動はパラレルターンと同じです。「外脚のストレッチングでポジションを戻し、次の外スキーで雪面を捉える」という一連の動作を、よりスピーディに行なっていく必要があります。

重要なことは、スキーを次のターン方向（谷側）に向ける動作と、エッジングによって雪面を捉えることです。スピーディにポジションをセットして荷重動作を行ない、舵取りに入ります。

この一連の運動が、ショートターンの基本的な組み立てになります。

ターン前半　　　ニュートラル　　　ターン後半

動作要領

（1）外脚のストレッチングでポジションを戻し、ターン姿勢をスピーディに入れかえます。このことで、スキーの迎え角を正確に入れかえます。
（2）斜度変化にポジションを合わせ、雪面を捉えます。

II スキッディングとカービングの コントロール

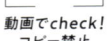
動画で*check!*
コピー禁止

> ① スキッディングとカービングの比較

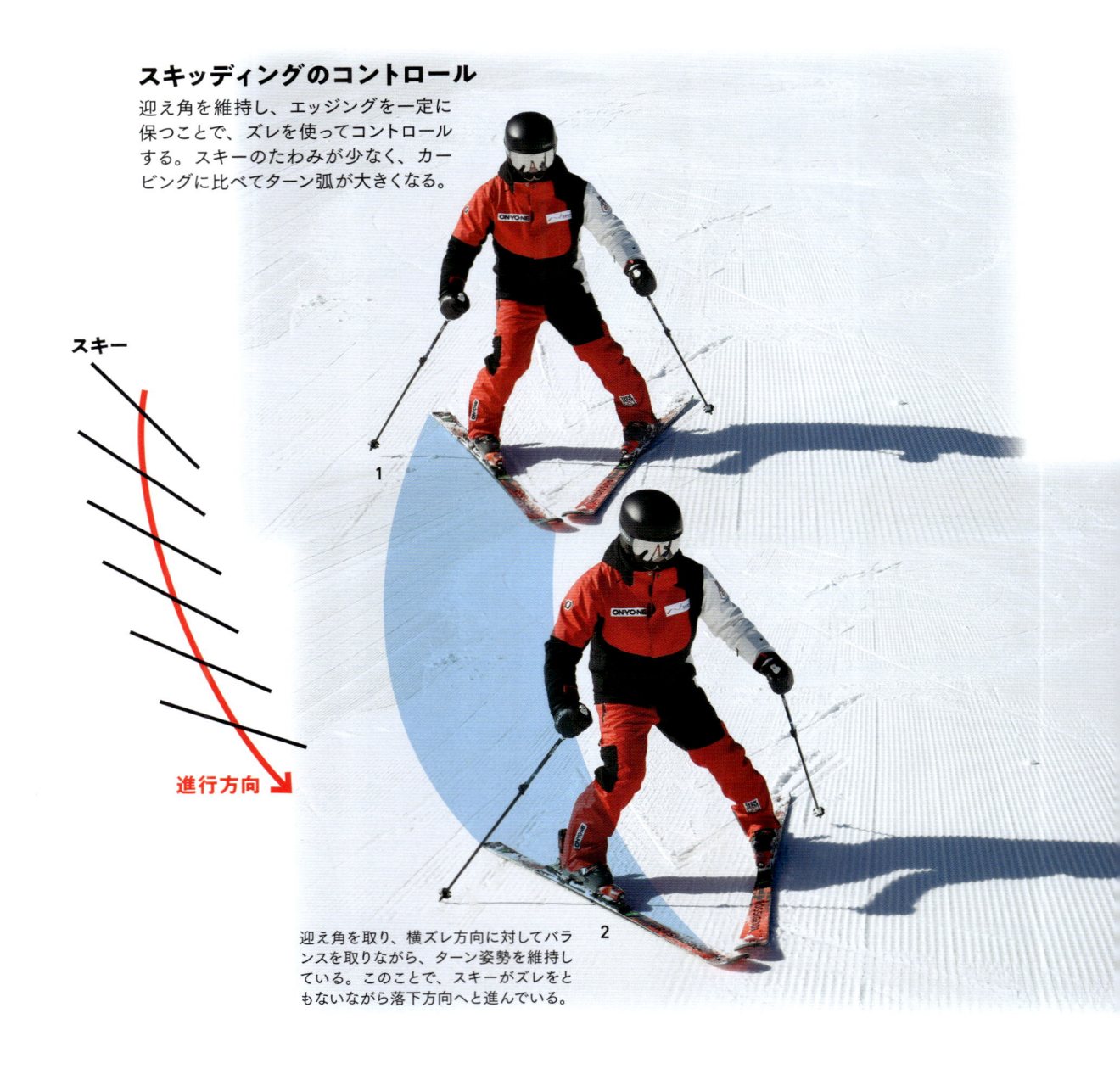

スキッディングのコントロール

迎え角を維持し、エッジングを一定に
保つことで、ズレを使ってコントロール
する。スキーのたわみが少なく、カー
ビングに比べてターン弧が大きくなる。

スキー

進行方向

1

2

迎え角を取り、横ズレ方向に対してバラ
ンスを取りながら、ターン姿勢を維持し
ている。このことで、スキーがズレをと
もないながら落下方向へと進んでいる。

S8007
＊上部QRコードのパスコード

舵取りでは、エッジングの量と、荷重する力の方向によって、ターンをコントロールします。

スキッディングでコントロールする場合には、舵取りで迎え角を維持し、エッジングを一定に保ちます。このことで、外スキーのバランスをキープしながら、ズレを使ってコントロールします（スピードの制御）。スキーのたわみが少ない分、カービングに比べるとターン弧が大きく、ターン外側へと膨らむライン取りになります。

これに対して、カービングのコントロールでは、迎え角を維持しながらエッジングを強め、ターン姿勢を維持します。スキーの回転性能とたわみによって深い回転弧を描けることが、カービングの特徴です。

カービングのコントロール

迎え角を維持しながらエッジングを強め、ターン姿勢を維持して舵取りを行なう。スキーの回転性能とたわみによって、深い回転弧を描くことができる。

スキー

進行方向

エッジングにより足場ができた状態で、舵取りを行なっている。このことで推進方向へと力がかかり、カービングが強まることでスキーが横方向へと向きを変えている。

② プルークボーゲン

スキッディングとカービング

4-1 スキッディングのコントロール

エッジングを一定に保ち、横ズレ方向に対してバランスを取っている。

動作要領

(1) 外脚を伸展（ストレッチング）して ターン姿勢を入れかえ、次の外スキーで雪面を捉えます。
(2) エッジングを一定に保ち、スキーの横ズレ方向に対してターン姿勢（バランス）をキープします。
(3) ターン姿勢を維持し、スキッディングでターンをコントロールします。

指導の要点

(1) スキッディングのコントロールに必要なエッジングと荷重動作を習得します。
(2) 横ズレ方向に対してバランスを維持するターン姿勢を習得します。

エッジングの量と、荷重動作で体重を預けていくときの力の方向を変えていくことによって、回転の大きさとズレ幅のコントロールが可能となります。

ターン前半の雪面を捉えるポジションは共通ですが、そこからスキッディングでコントロールする場合には、エッジングを一定に保ちながらスキーの横ズレ方向に対してバランスを取り、ターン姿勢をキープします。カービングでコントロールする場合には、迎え角を維持してエッジングを強め、スキーのカービング性能を引き出します。

いずれの場合も、ターン始動のポジショニングが、舵取りでのターンコントロールの質を大きく左右します。

1

4-2 カービングのコントロール

エッジングを強め、ターン姿勢を維持してカービングでコントロールしている。

2

3

動作要領

（1）外脚を伸展（ストレッチング）してターン姿勢を入れかえ、次の外スキーで雪面を捉えます。

（2）迎え角を維持してエッジングを強め、スキーのカービング性能を引き出します。

（3）ターン姿勢を維持し、カービングでターンをコントロールします。

指導の要点

（1）スキーの回転性能とたわみを引き出し、ターンを制御するカービングのコントロールを習得します。

（2）カービングでコントロールするためのターン姿勢を習得します。

4

5

③ パラレルターン
スキッディング〜カービング

5-1 大回り

動作要領

（1）ターン前半に雪面を捉え、迎え角とエッジングを一定に保ち、スキッディングでコントロールします。

（2）徐々にエッジングを強め、スキーのカービング性能を引き出すことによって、カービングのコントロールへと移行していきます。

パラレルターンで、舵取りでのターンコントロールを習得していきます。1本の滑りの中で、エッジングの量と荷重する際の力の方向を少しずつ変えていくことによって、スキッディングのコントロールからカービングのコントロールへと展開していきます。

指導の要点

（1）エッジングの量と、荷重する力の方向を変えていくことによって、コントロールの方法が変化します。

（2）スキッディングでも、カービングでも、「ターン始動のポジショニング」と、舵取りでの「ターン姿勢の維持」は、一貫して重要です。

 **小回り**

動作要領

（1）大回りと同じ要領で、エッジングの量と、荷重する力の方向を徐々に変えていくことで、スキッディングのコントロールからカービングのコントロールへと移行していきます。
（2）小回りでは、切りかえでターン姿勢を入れかえる動作をスピーディに行なっていきます。

指導の要点

（1）エッジングの量と、荷重する力の方向を変えていくことによって、コントロールの方法が変化します。
（2）小回りでも、「ターン始動のポジショニング」と、舵取りでの「ターン姿勢の維持」が一貫して重要であることは変わりません。

ターン姿勢を維持する

スピードとターン弧をコントロールするためには、舵取りで「ターン姿勢を維持する」ことが重要です。

写真1〜2でターン姿勢を正確に入れかえて雪面を捉えた後、写真3〜5では、雪面からの抵抗を受けとめながら、外スキーに体重を預けてターン姿勢を維持しています。

この場面で雪面抵抗と釣り合いの取れた状態をキープするために、脚部（下肢）の筋肉が伸ばされながら力を発揮する「エキセントリック」な状態で運動を行ないます。

エキセントリックな運動でターン姿勢を維持することで、外スキーをたわませながら力をためることができます。それにより写真6〜8では、外脚を伸展（ストレッチング）させ、次のターン姿勢へとスムーズに入れかえています。

エキセントリックな運動とは

筋肉が動く（収縮する）際には、エキセントリックな収縮と、コンセントリックな収縮があります。

エキセントリックな収縮は、筋肉が伸ばされながら力を発揮する状態のことをいいます。腕相撲に例えると、劣勢の際には、力こぶができる上腕の筋肉が、伸ばされながら力を発揮します。スキーは、このエキセントリックな収縮が、下肢の大きな筋肉において生じている、特殊な運動といえます。

このエキセントリックな運動は、筋肉痛を起こすことが知られています。ターンの半分がエキセントリックな状態となるスキーは、そうした意味では比較的負荷の大きい運動といえるでしょう。

9

8

1
2
3
4
5
6
7

エキセントリックな運動によってターン姿勢を維持することは、パラレルターンだけでなく、プルークボーゲンや横滑りにおいても大切な要素となる。センターポジションをキープすることによってこうした効率の良いターン運動が可能になる。

ターン中の重心移動と エッジングの角度

カービング

ターン前半（写真1）からターンマキシマム（写真2）まで、下方向に重心移動を行なうことで下肢が内傾し、エッジ角度が大きくなります。また外脚の長さを一定に保ち、脚の内傾を強めることによって低いターン姿勢を取ります。ターン内側ではなく上下方向の重心移動でエッジ角度のコントロールを行ないます。

2つの写真は、カービングとスキッディングでのターン中の重心移動（上下動）と、それによるエッジングの角度を比較したものです。

カービングでは、遠心力と雪面抵抗に対応するために、重心を下方向へ移動させることによって、ターン姿勢が低くなり、エッジングの角度が大きくなります。ターン中にかかる遠心力が最大になるタイミングで、エッジングの角度を最大にすることでスキーの横ズレを制御し、ターン弧とスピードのコントロールを行ないます。

これに対してスキッディングでは、ターン中の重心移動が少なく、ターン姿勢が高いまま、エッジングの角度を一定に保っています。

いずれの場合も、外スキーに体重を預け、ターン姿勢を維持していますが、重心移動の量によって、ターン姿勢とエッジングの角度に違いが現れます。

重心・高

1

重心・高

2

エッジ角度 小

スキッディング

ターン前半（写真1）からターンマキシマム（写真2）までの重心移動が少なく、ターン姿勢が高いまま維持されています。エッジ角度を一定に保ちながら横ズレ方向に対してバランスを取り、スキッディングによってターンをコントロールしています。

III　横滑り～パラレルターン

① 横滑り

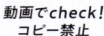

ターン中は遠心力や雪面からの抵抗に対してバランスを取るために「外向傾姿勢」が必要です。

　横滑りを用いて、ダイナミックパラレルターンに必要なターン姿勢（外向傾姿勢）を入れかえる動きを身につけます。

ターン姿勢を維持して舵取りを行ない、スピーディにスキーの方向づけとエッジングを行なうことで、ターン姿勢を入れかえることができます。

　外脚から次の外脚へターン姿勢を入れかえ、迎え角とエッジングを正確にセットし、

S9008
＊上部QRコードのパスコード

動作要領

（1）ターン姿勢（外向傾姿勢）を維持し、一定の迎え角で、斜め下方向へ横滑りを行ないます。
（2）外脚のストレッチングでポジションを戻し、ターン姿勢を入れかえて次の外スキーで雪面を捉えます。

ターン前半に雪面を捉えます。

　スキーの迎え角によってつくられる外向姿勢と、エッジングによって脚を内傾させることで外傾姿勢がつくられることを理解します。

　脚部主体の運動によってターン姿勢（外向傾姿勢）を取ります。

指導の要点

（1）一定の迎え角を維持する、ターン姿勢（外向傾姿勢）を習得します。
（2）外脚から次の外脚へ、スキーの方向づけをスピーディに行ない、ターン姿勢を正確に入れかえる動作を身につけます。
（3）センターポジションをキープして、スキーのトップとテールを入れかえる操作を覚えます。

② 横滑り~パラレルターン

横滑りで習得した運動をベースに、パラレルターン小回りへと展開していきます。

フォールライン方向に横滑りをし、上体の動きを制御して、脚部主体の運動でスキーの旋回とエッジングを行なうことで、小回りのスペースでターン姿勢を入れかえ、パラレルターンへとつなげていきます。

動作要領

（1）横滑りの要領でスキーの向きを入れかえ、エッジングを強めることによってパラレルターン小回りへ展開していきます。
（2）足関節と膝関節、股関節を連動させ、スキーの方向づけとターン姿勢を素早く正確に入れかえます。
（3）上体の動きを制御し、脚部主体の運動によってスキーの迎え角を入れかえます。

指導の要点

（1）外脚のストレッチングによってターン姿勢を入れかえます。
（2）外脚から次の外脚へ、スキーの方向づけ（迎え角のセット）をスピーディに行ない、ターン姿勢を正確に入れかえる動作を身につけます。
（3）センターポジションをキープして、スキーのトップとテールを入れかえる操作を覚えます。
（4）ターン姿勢をスピーディに入れかえ、エッジングを強めることによって、パラレルターン小回りへ展開していきます。

1

2

3

1

4

5

横滑りの要領でスキーを方向づけし、エッジングを強めて荷重動作を行なうことで、ショートターンへと展開していきます。

6

パラレルターン小回り

3-1 パラレルターン小回り
スキッディング

動作要領

（1）スピーディにスキーの方向づけを行ない、ターン姿勢を入れかえ、雪面を捉えます。
（2）舵取りでは外脚で抵抗を受けとめ、ターン姿勢を維持します。
（3）外脚でバランスを取り、スキッディングでターンをコントロールします。

指導の要点

（1）外脚から次の外脚へ、スキーの方向づけを行ない、ターン姿勢を素早く正確に入れかえる横滑りの要領で展開します。
（2）スキッディングでターンをコントロールする、舵取りの運動を習得します。

横滑りで学んだターン姿勢（外向傾姿勢）を入れかえる動きを使って、ターン前半にポジションをセットすることが重要です。上体の動きを制御して、脚部主体の運動を行なうことによってターン姿勢を入れかえます。

　舵取りでは、外脚で抵抗を受けとめ、ターン姿勢を維持します。カービングが強まるとスキーヤーの受ける抵抗が大きくなるため、それに対応するためにエッジングを強めます。スキーの方向づけとエッジングによってターンの大きさと深さをコントロールし、スピードの制御を行ないます。

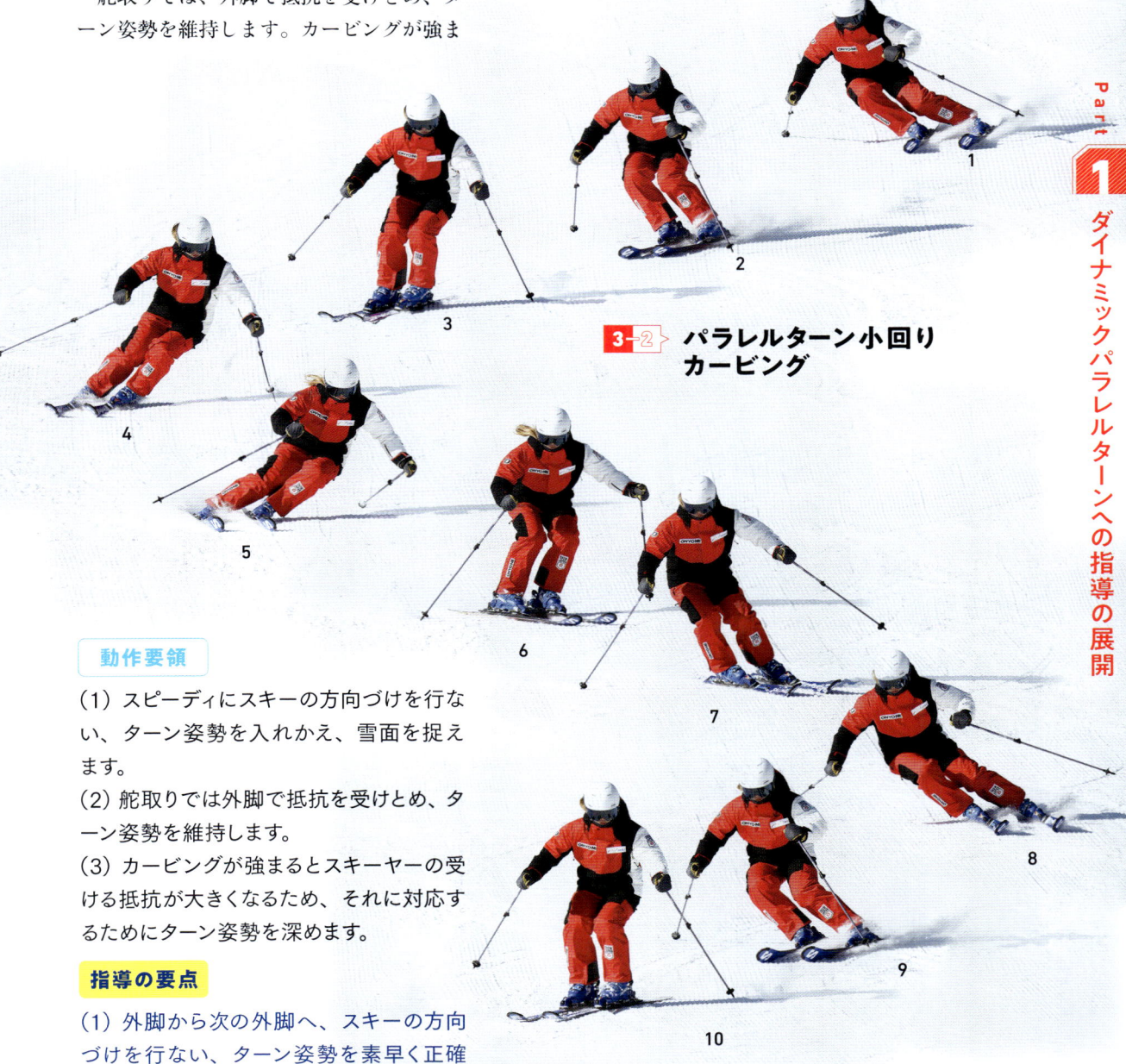

3-2 パラレルターン小回りカービング

動作要領

（1）スピーディにスキーの方向づけを行ない、ターン姿勢を入れかえ、雪面を捉えます。
（2）舵取りでは外脚で抵抗を受けとめ、ターン姿勢を維持します。
（3）カービングが強まるとスキーヤーの受ける抵抗が大きくなるため、それに対応するためにターン姿勢を深めます。

指導の要点

（1）外脚から次の外脚へ、スキーの方向づけを行ない、ターン姿勢を素早く正確に入れかえる横滑りの要領で展開します。
（2）カービングでターンをコントロールする、舵取りの運動を習得します。

IV シュテムターン～パラレルターン

① シュテムターン

シュテム動作を用いて、実践的なパラレルターンに必要となるターン姿勢の入れかえを習得します。

複雑な斜面状況やハイスピードに対応するターン運動では、ターン前半のポジションをスピーディにセットして、ダイレクトに雪面を捉えることが求められます。

ターン前半に外スキーを開き出すシュテムターンでは、その動作によってダイレクトにスキーの方向づけとターン姿勢の入れかえが行なわれるため、パラレルターンの習熟度を高める手段として役立ちます。

動作要領

（1）切りかえで外脚を伸展させる動きに合わせて、次の外スキーを開き出します。
（2）開き出した外スキーで、次のターン方向（谷側）への方向づけと、エッジングを行ない、次のターン姿勢をセットします。
（3）舵取りでは、セットしたターン姿勢を維持しながら、外スキーでバランスを取り、徐々に内スキーを引き寄せます。

S9609
＊上部QRコードのパスコード

指導の要点

（1）開き出した外スキーで次のターン姿勢をセットする動作を習得します。

（2）素早い動きの中でも、必ずポジションを「戻す」ことによって、次の外脚に体重を正確に「預ける」ポジションを取ることができます。

（3）コンパクトな動きで、スピーディにターン始動のポジショニングを行なうことが、実践的なパラレルターンにつながることを理解します。

初歩的なシュテムターン（シュテムボーゲン）

実践的なシュテムターン

シュテムターンの優位性

「シュテムボーゲン」（P58参照）では、制動をかけてコントロールしながら、ストレッチングで「戻す」、次の外脚に体重を「預ける」という一連の動作を確認しました。

「シュテムターン」では、そこからさらに進んで、ダイレクトにターン姿勢をセットし、カービングを強めて舵取りを行なっていきます。

このようにシュテムターンは、初歩的なレベルから、実践的な技術の習得まで、幅広く活用することができます。

外スキーを開き出し、ダイレクトにターン姿勢を入れかえるシュテムターンの運動から実践的なパラレルターンへと展開していきます。

　低速で確認した外脚から外脚への切りかえを正確に行ない、外スキーの捉えを洗練させてバランスが取れるようになると、内スキー操作を行なってパラレルターンへと展開することができます。あらゆる斜面状況に対応するターン運動を身につけていきます。

動作要領

（1）切りかえで外脚を伸展させる動きに合わせて、次の外スキーを開き出し、ダイレクトに次のターン姿勢をセットします。
（2）セットしたターン姿勢を維持しながら、外スキーでバランスを取ります。
（3）外スキーの捉えを洗練させてバランスを取り、内スキー操作を合わせて行なうことでパラレルスタンスに導きます。

指導の要点

（1）シュテムターンで習得した、ダイレクトに次のターン姿勢をセットする運動を、パラレルターンへとつなげていきます。
（2）パラレルターンの中でも、「脚のストレッチングでポジションを戻し、次の外脚に体重を預ける」という一連の動作を、正確に行なっていくことを意識します。
（3）ターン始動のポジショニングを正確に、スピーディに行なっていくことが、実践的なパラレルターンへとつながります。
（4）一貫した運動の組み立てによってパラレルターンへ展開していきます。

シュテムターンとパラレルターン
ターン姿勢の入れかえを比較

パラレルターン

　ターン後半から次のターン前半に向かってスピーディにターン姿勢を入れかえていく運動は、シュテムターンでも、パラレルターンでも一貫しています。外脚のストレッチングでポジションを戻し、ダイレクトに次のターン姿勢をセットして、舵取りで

はそのターン姿勢を維持します。
　コンパクトな動きで素早く次のターン姿勢をセットする運動を、シュテムターンで身につけていくことが、パラレルターンの習熟度を高めていくための有効な手段となります。

シュテムターン

ターン前半

V カービングのコントロール

① ターン姿勢の入れかえ　基本動作

S10210
＊上部QRコードのパスコード

　シュテムターンの運動要領で、ターン姿勢の入れかえ動作を洗練させていきます。外脚から次の外脚へポジションを入れかえる一連の動作を、コンパクトな動きの中で、正確にできるようにすることが目標です。ステップ（ジャンプ）でニュートラルなポジションを通過し、着地した外スキーで瞬時にバランスを取る正確なポジショニングが、斜面状況やスピードへの対応につながっていきます。

動作要領

（1）外脚で抵抗を受け止め、そのためた力を利用しながら、脚のストレッチング動作によって次の外脚へ、ターン姿勢を入れかえます。
（2）脚の運動（ストレッチング）に加え、雪面からの反力や、用具の特性を利用することによって、スピーディかつ効率的にポジションを入れかえます。
（3）着地した外脚で瞬時にバランスを取り、ターン姿勢をキープします。

指導の要点

（1）雪面からの反力や用具の特性を利用し、力のロスのない、効率的な運動を習得します。
（2）切りかえの運動をスピーディかつコンパクトに行ない、斜面状況やスピードへの対応力を身につけます。
（3）コンパクトな動きの中でも、「外脚のストレッチングでポジションを戻し、次の外脚に体重を預ける」という基本的な動作を、正確に行なうことが重要です。

ターン姿勢の入れかえ基本動作

　外脚から外脚へ、ステップしてポジションを入れかえる動作を平地で確認します。脚のストレッチングを使い、ステップ（ジャンプ）でニュートラルなポジションを通過することで、着地と同時にダイレクトにターン姿勢をセットすることができます。

ニュートラル

ターン姿勢　　　　ターン姿勢

ターン姿勢の入れかえ
基本動作

重心

1
2
3
4
5
6

切りかえでの重心移動

　切りかえでは、両足のスタンスの範囲内で重心の移動を行なうことが重要です。両足のスタンスの範囲内に重心の位置をキープすることで、両脚（両スキー）が自在に使えるようになります。この範囲から、次のターン内側に重心が外れると、バランスが取れずに内倒してしまうので注意が必要です。逆に外側に外れると、次のターン始動が遅れてしまいます。斜度変化や遠心力に合わせながら、ターン姿勢を正確に入れかえるには、バランスの取れる重心の位置をキープすることが求められます。

パラレルターン

1

2

3

4

5

6

2つの連続写真は、切りかえ局面の一連の動作を抜き出したものです。どちらの滑りも、ターン後半、外脚に最も圧のかかったところから、脚のストレッチング動作でポジションを戻し、ステップ（ジャンプ）でニュートラルなポジションを通過して（写真4）、素早く次のターン姿勢をセットしています（写真6）。

このように、ターン姿勢を入れかえる基本的な動作を洗練させていくことが、ダイナミックパラレルターンの習熟度を高めることにつながっていきます。

② スケーティングステップ

動作要領

（1）膝の向きとつま先の向きを合わせ、スケーティングステップを行ないます。
（2）外スキーに体重を預ける動作と、外脚のストレッチング動作でステップし、加速させていきます。
（3）バランスをキープしてスキーを推進させながら、ターン弧に合わせて繰り返しステップを行ないます。

指導の要点

（1）スケーティングステップでは、切りかえのタイミングが早くなります。エッジングを早く終わらせ、スピーディに切りかえるという一連の運動のタイミングを理解することが、推進滑走へとつながっていきます。
（2）常にスキーの上で動けるポジションと、動くタイミングを確認するのに有効な方法です。繰り返し行なうことで、3関節（足関節、膝関節、股関節）を連動させてスピーディにターン姿勢をセットする、脚部主体の運動を洗練させることができます。

推進滑走に必要な運動を、スケーティングステップで習得していきます。外スキーに体重を預け、外脚を伸展（ストレッチング）させて雪面を蹴ることによって、スキーの推進力を引き出します。この動作を繰り返し行ない、加速させていきます。

推進していくスキーの上で、常に動けるポジションを身につけること、推進滑走に必要な運動とそのタイミングを理解することが、ここでの目標です。

膝の向きとつま先の向きを合わせて行なうことが、ケガの防止につながります。

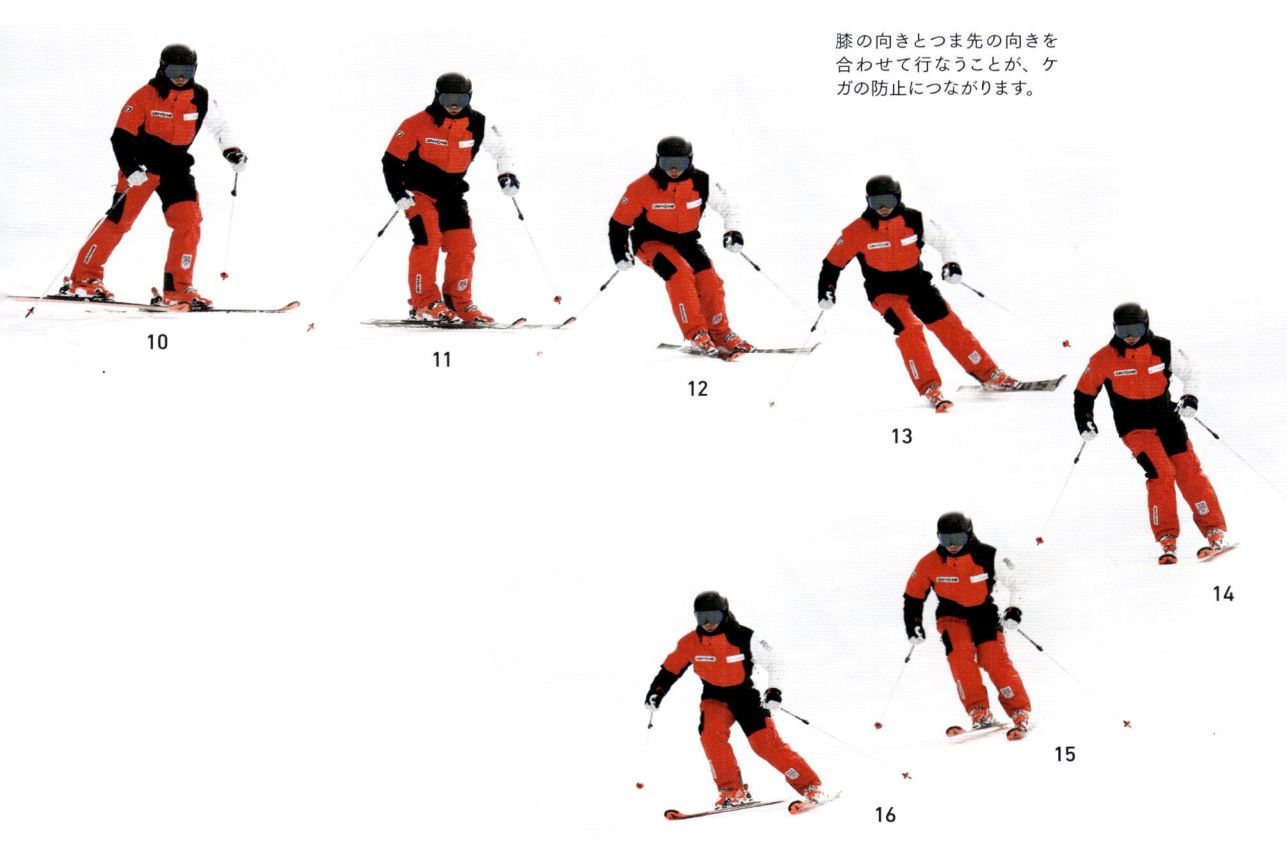

③ スケーティング～パラレルターン

スケーティングからパラレルターンへと展開することで、推進滑走に必要なバランスと運動のタイミングを身につけていきます。

特に重要なのは、運動のタイミングです。推進滑走では、エッジングや切りかえのタイミングが早くなります。このタイミングが遅れてしまうと、スキーの推進力を引き出すことができません。外脚で雪面を蹴って加速させるスケーティングの運動に、内脚を連動させることによって、早いタイミングで動けるバランスを身につけることが、推進滑走へとつながります。

動作要領

（1）膝の向きとつま先の向きを合わせ、スケーティングを行ないます。
（2）外スキーに体重を預ける動作と、外脚のストレッチング動作で、加速させていきます。
（3）外脚の動きに、内脚を連動させ、パラレルターン（推進滑走）へと展開していきます。

指導の要点

（1）推進滑走では、運動のタイミングが重要です。エッジングを早く終わらせ、スピーディに切りかえる動作をスケーティングで確認し、パラレルターンへと展開していくことで、推進滑走に必要なバランスや運動のタイミングを身につけていきます。
（2）加速していく中でも、スキーの上で動けるポジションをキープすることが重要です。

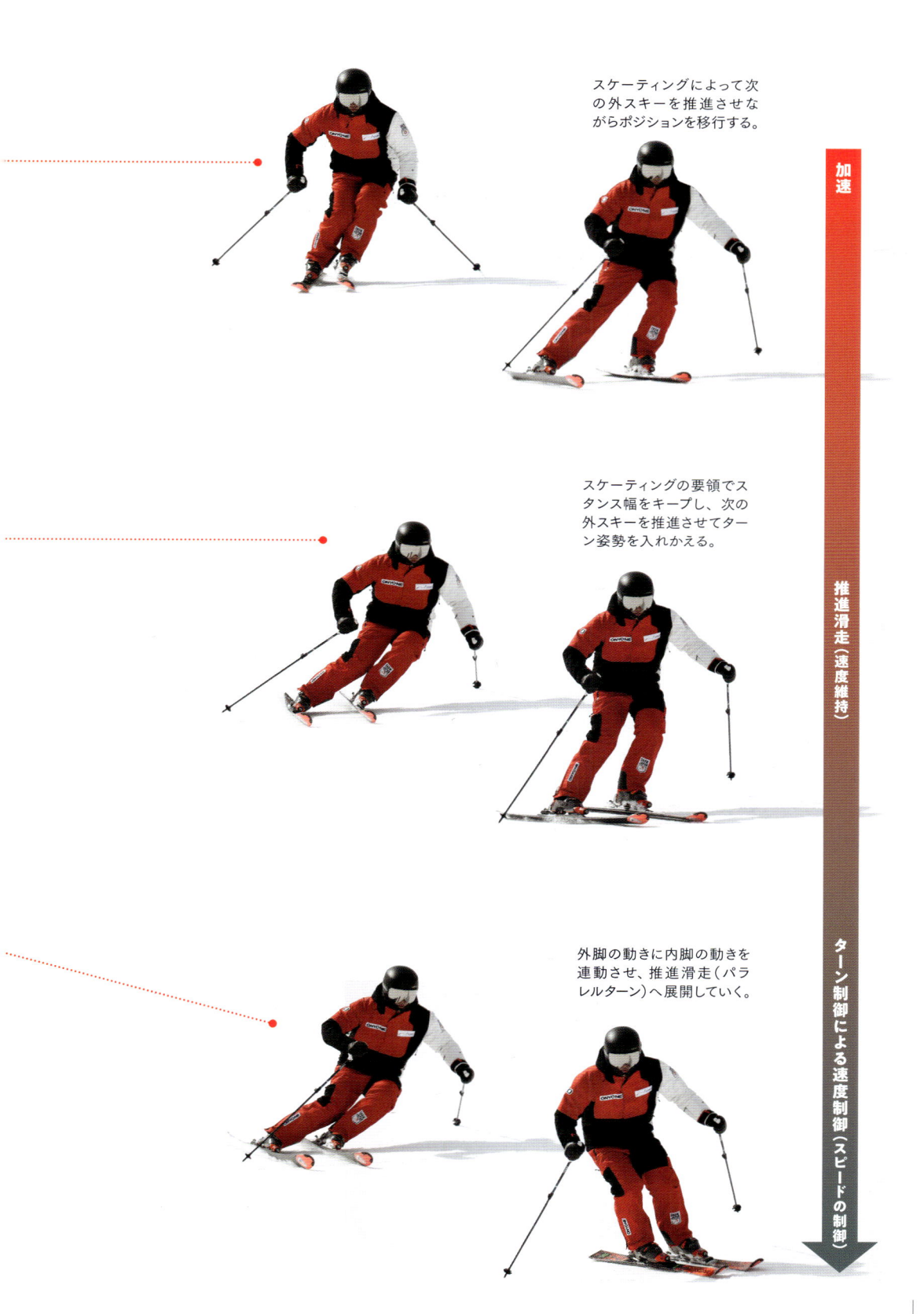

スケーティングによって次の外スキーを推進させながらポジションを移行する。

スケーティングの要領でスタンス幅をキープし、次の外スキーを推進させてターン姿勢を入れかえる。

外脚の動きに内脚の動きを連動させ、推進滑走（パラレルターン）へ展開していく。

加速

推進滑走（速度維持）

ターン制御による速度制御（スピードの制御）

パラレルターン カービング

4-1
**パラレルターン大回り
カービング**

動作要領

（1）脚のストレッチング動作で積極的に
スキーを加速させ、推進滑走を行ないま
す。
（2）スケーティングの要領でスピードを
つなげ、ターン姿勢を素早く入れかえます。
（3）運動のリズムとタイミングをコントロー
ルすることによって、ターン弧とスピー
ドを制御します。

指導の要点

（1）複雑な斜面状況や、ハイスピードの中でも、常に動
けるバランスをキープします。
（2）スキーの推進力を引き出すために重要な、運動の
タイミングを理解します。
（3）推進滑走においても、ここまで学習してきた基本動
作がベースとなります。一貫性のある組み立てで、ダイ
ナミックパラレルターンへと展開していくことが重要です。

ここまで学習してきた、スピーディな切りかえの運動を洗練させ、ダイナミックパラレルターンの習熟度を高めていきます。

ダイレクトにターン姿勢を入れかえる、正確な切りかえの運動をベースに、スケーティングで行なった脚のストレッチング動作を使って、積極的にスキーの推進力を引き出していきます。

カービングでターンの大きさや深さをコントロールし、スピードを制御することによって、あらゆる条件・状況に対応できる自在性の高いパラレルターンを目指します。

カービングでターンをコントロールするためには、外脚から次の外脚へ、コンパクトな動きでターン姿勢を入れかえ、ターン前半で素早く雪面を捉えることが前提となる。

NATIONAL SKI METHOD OF JAPAN

パラレルターン小回り
カービング

動作要領

（1）パラレルターン大回りカービングと同じ動作要領で、小回りを行ないます。
（2）横滑りで学習した、スピーディなスキーの方向づけとエッジングにより、ターン姿勢を入れかえます。
（3）運動のリズムとタイミングをコントロールすることによって、ターン弧とスピードを制御します。

指導の要点

（1）小回りではスキーヤーにかかる遠心力が大きくなります。その中でも、常に動けるバランスをキープします。
（2）スキーの推進力を引き出すために重要な、運動のタイミングを理解します。
（3）あらゆる条件、状況に対応したスキーコントロールを身につけ、自在性の高いダイナミックパラレルターンを目指します。

カービングの小回りでは、切りかえの動作をよりスピーディに行なう必要がある。また遠心力や雪面からの抵抗が大きくなるため、ストレッチング後に脚を引きつけることによって、コンパクトな動きでターン姿勢の入れかえを行なう。

VI 自在なターンコントロール

① パラレルターン　リズム変化

ラインチェンジ

リズム変化

6

7

8

9

10

11

12

13

14

15

大回りをベースに、リズムを変えながら連続ターンを行なっていきます。

実際のゲレンデでは、一定の条件が続くことはほとんどなく、自然の地形によって斜面が常に変化します。その中でも安定したバランスで連続ターンを行なっていくためには、ターンの大きさや深さを状況に合わせてコントロールし、スピードを制御する必要があります。

1本の滑りの中で、リズム変化やラインチェンジを行なうことによって、さまざまな状況変化に対応できる、自在なスキーコントロールを身につけることが、ここでの目標です。

動作要領

（1）大回りと中回りを組み合わせ、リズムを変えながら連続ターンを行なっていきます。

（2）ターンの大きさや深さ、ラインチェンジ（フォールラインの変更）に合わせて、運動のリズムとタイミングをコントロールしていきます。

指導の要点

（1）リズム変化やラインチェンジの局面では、スキーヤーにかかる抵抗の向きと量が変化します。こういった変化に対し、常に抵抗を受け止められるポジションをキープします。

（2）オーバースピードにならないよう、カービングでターンの大きさや深さをコントロールします。

（3）大回りと中回りでは、ターン中の遠心力や雪面からの抵抗が変化します。この変化にポジションを合わせ、安定したバランスをキープします。

② パラレルターン　リズム変化　小回り

　小回りをベースに、リズムを変えながら連続ターンを行なっていきます。ターン弧が小さくなることで、スキーヤーにかかる遠心力と雪面抵抗が大きくなり、コントロールの難易度が上がります。そのため、スキーヤーにはより正確なスキーコントロールが求められます。

　状況変化に合わせ、ターンの大きさや深さをコントロールし、カービングでスピードを制御する技術をより洗練させていくことで、自在性の高いダイナミックパラレルターンを目指していきます。

1 2 3 4 5

動作要領

（1）小回りをベースに、リズムを変えながら連続ターンを行なっていきます。
（2）動作要領は「パラレルターン リズム変化」と同じですが、ターンが小さくなることで、スキーヤーにかかる遠心力と雪面抵抗が大きくなり、コントロールの難易度が上がります。脚部主体の運動による、正確なスキーコントロールによって、安定したバランスをキープします。

指導の要点

（1）リズム変化やラインチェンジの局面でも、常に抵抗を受け止められるポジションをキープします。
（2）オーバースピードにならないよう、カービングでターンの大きさや深さをコントロールします。
（3）状況に合わせた正確なスキー操作を習得することによって、自在性の高いダイナミックパラレルターンを目指します。

VII 不整地への対応

動画でcheck!
コピー禁止

　不整地の滑り方の基本は、整地の小回りにあります。ベーシックパラレルターンの小回りの要領で、スキッディングでスピードをコントロールして滑るスキルが求められます。

　まずは整地で、コブに必要となる基本的な運動を確認した上で、浅いコブから無理なくトライすることによって、コブの導入はスムーズになります。ベーシックパラレルターンの組み立てで、制動をかけながら正確にコブをクリアし、一定の速度で連続ターンができるようになることが、最初の目標です。

整地小回り

不整地小回り

斜度

整地でも不整地でも、基本的な運動は共通している。切りかえでは、身体の下で次のスキーの方向づけとエッジングを行ない、ターン姿勢を入れかえ、雪面（コブの凸の裏側）を捉えていく。舵取りでは、コブに当たってもポジションが崩れないよう、ターン姿勢を維持することが重要となる。

① コブの凹から凸へと登っていく局面では、足関節をリラックスさせてセンターポジションをキープする。コブの形状に合わせてスキートップの上がりをコントロールして上体の前傾をキープする。

② コブの凸から凹へと落ち込む局面では、足関節の背屈を意識してセンターポジションをキープする。上体の前傾を落ち込む斜度に合わせ、スキートップを下げて雪面を捉える。

上体の前傾角度を一定に保ち、脚部の運動によってコブをクリアしていく。

S11811
＊上部QRコードのパスコード

1

2

3

4

5

6

119

NATIONAL SKI METHOD OF JAPAN

① プルークスタンス　基本動作の確認

整地

1
2
3
4
5
6

ストレッチングで切りかえる

不整地でも、切りかえの動作は整地と同じです。
外脚のストレッチングでポジションを戻し、次
の外脚に体重を預けます。この動作を正確に行
ない、ターン前半のポジションをセットすることが、
コブの中での安定したターンコントロールにつな
がります。

不整地で、安定したバランスで連続ターンを行なうためにまず必要なことは、スキーを推進させない、ということです。そのためには、外スキーで正確に制動をかけ、スキッディングでコントロールする必要があります。

ここでは、コブのピッチに合わせ、外脚で正確に制動をかけていく運動を、プルークスタンスで確認しています。まずは整地で基本的な運動の組み立てを理解し、同じことをコブの中で展開していきます。

不整地

斜度変化に合わせる

ターン中の斜度変化にポジションを合わせることは、整地と同様、不整地でも重要です。特にコブの凸から凹へと向かう局面では斜度が急になっていくため、身体が遅れないよう、足関節の角度を意識してセンターポジションをキープする必要があります。

動作要領

（1）プルークスタンスで、外スキーに制動をかけてターンを制御する運動を、整地で確認します。
（2）制動のプルークボーゲンと同じ運動要領で、エッジングと荷重動作によって制動をかけていきます。
（3）同じことを、コブのリズムに合わせて行ないます。コブの出口でスキーが推進しないよう、エッジングと荷重動作を正確に行ない、スピードをコントロールします。
（4）センターポジションをキープして、コブを1つずつ正確にクリアしていきます。

指導の要点

（1）コブのリズムに合わせたターン構成で、制動をかけられるポジションと外スキー操作を確認します。
（2）コブに当たってもバランスが崩れないよう、ターン姿勢を維持します。
（3）コブの出口で足関節の角度が緩まないように注意して、センターポジションをキープします。

Part **1** 斜面・雪質への対応

② パラレルターン　スキッディング

プルークで確認した運動を、パラレルへと展開していくことで、さまざまなコブの形状に対応するための、基本となる滑りを習得します。パラレルスタンスでも、外スキーの迎え角とエッジングによって制動を維持し、スキッディングでコントロールします。外脚で正確に抵抗を受けとめ、コブをクリアするタイミングに合わせて、脚部主体の運動でターン姿勢を入れかえます。

徐々にスタンスをパラレルにし、最終的にはナチュラルスタンスで、コブのリズムに合わせてターン弧とスピードを制御できるようになることが目標です。

ナチュラルスタンス

プルークスタンス

ワイドスタンス

1

2

3

（1）プルークスタンスで、外スキーのエッジングと荷重動作によって制動をかけ、スキッディングで連続ターンを行ないます。

（2）プルークスタンスで行なった外スキー操作に、内スキー操作を合わせ、ワイドスタンスで連続ターンを行ないます。

（3）コブをクリアするタイミングで、脚部主体の運動によってスキーの迎え角とエッジングを入れかえます。

（4）ワイドスタンスからナチュラルスタンスへと展開し、スキッディングでスピードを制御して、一定速で滑ります。

指導の要点

（1）迎え角を維持し、制動をかけながら一定速で滑る、正確な外スキー操作を習得します。

（2）コブのリズムに合わせ、脚部主体の運動でターン姿勢を入れかえる、不整地での運動のタイミングを理解します。

ストックワーク

ストックは、コブをクリアするタイミングでつきます。コブに当たると同時に強くついてしまうと、バランスを崩しやすくなるため注意が必要です。

1

2

プルークで展開する利点

プルークでは、身体を正面に向けたまま、スキーを斜め下に向けてコブに当てていくため、腰が回ることなく、外スキーの迎え角を維持して制動をかけることができます。この正確な外スキー操作に、内スキー操作を合わせることで、スムーズにパラレルへと展開することができます。

コブ

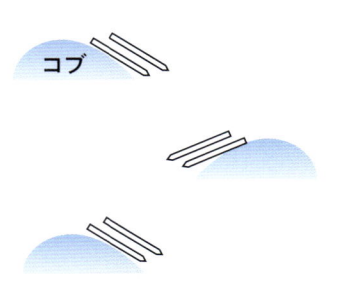

コブ

3 テールジャンプ

不整地でのベーシックパラレルターンの運動をベースに、カービングでターン弧とスピードを制御して推進滑走を行なう、ダイナミックパラレルターンへと展開していきます。ここでは、切りかえでテールジャンプを行なうことで、「スキーのテールを身体の下に引きつけて、トップから雪面を捉える」という一連の動作を洗練させていきます。

動作要領

（1）脚のストレッチングでジャンプし、テールを身体の下に引きつけます（吸収動作）。このとき、頭と腰を一定の高さに保ちます。
（2）テールを引きつけることでトップを下げ、ターン前半でトップから雪面を捉えます。
（3）着地でターン姿勢をセットし、センターポジションをキープします。

指導の要点

（1）テールジャンプを行なうことで、切りかえでのストレッチングによる吸収動作と、ターン前半のポジションを確認します。
（2）着地でセットしたターン姿勢を維持することでコブ斜面で抵抗を受け止める基本的なポジションを身につけます。
（3）上体の前傾をキープします。

スキーのテールを身体の下に引きつけることで、トップが下がる。このことで、トップから雪面を捉えることができる。腰の高さをキープすることが大事になる。

整地

不整地

④ ターン弧のコントロール

カービングで、コブの形状に合わせてターンスペースを調整し、スピードを制御して滑ります。深回りをするときにはコブの溝の外側に合わせてライン取りを行ない、浅回りをするときにはこれとは逆に、溝の内側に合わせてライン取りを行ないます。いずれの場合も、基本的なターン運動は整地での小回り（カービング）と同じです。コブの中でもカービングで自在にコントロールできるようになることが目標です。

（1）カービングでコブに合わせてターンスペースを調整し、スピードを制御します。
（2）深回りで滑るときには、コブの溝の外側を回り込むようにライン取りを行ないます。溝の出口でフォールラインに対して横方向に滑走ラインを取り、次の溝の外側に合わせてターンします。
（3）浅回りで滑るときには、溝の内側に合わせてライン取りを行ないます。上体をフォールライン方向に向けてバランスをキープし、前傾角度を一定に保ちながら、脚部主体の運動でコブをクリアしていきます。

指導の要点

（1）カービングで、エッジングと荷重動作によってターンスペースを調整し、コブの中で、ターン弧とスピードを制御する技術を身につけます。
（2）コブの形状に合わせた、カービングでの自在なコントロールを習得します。

深い　　**浅い**

⑤ パラレルターン 不整地

　不整地では、コブのピッチも形状も一定ではありません。その複雑な斜面状況に対応するためには、整地で行なったリズム変化と同様、ターンサイズや滑走ラインを自在に変えていくスキルが求められます。スキッディングとカービングのコントロールを状況に合わせて駆使し、斜面変化に瞬時に対応するスキルを身につけることができれば、不整地への対応幅は大きく広がっていきます。

　その滑り方の基本は、整地の滑りにあります。「整地で基本に立ち戻り、不整地で実践する」という学習を繰り返すことが、対応力を高めていく大きな力となります。

動作要領

（1）コブの形状に合わせたライン取りで、スキッディングおよびカービングのコントロールによってパラレルターンを行ないます。

（2）ワイドラインは、ターンが深い分だけ滑走距離が長くなり、降りていくスピードは相対的に遅くなります。大きなコブや、ピッチの広いコブへの対応に有効です。

（3）ナローラインは、ターンが浅い分だけ滑走距離が短くなり、スピードが速くなります。オーバースピードに注意し、ターン前半の雪面コンタクトを正確に行なう必要があります。ピッチの細かいコブへの対応に有効です。

（4）2つのライン取りの中間が、ミドルラインです。トップを溝の中間から出口に合わせて滑ります。さまざまなコブに対応できる、最もオーソドックスなライン取りです。

指導の要点

（1）コブの状況に合わせてターンサイズや滑走ラインを自在に変えていくスキルを身につけます。このことで、複雑な斜面状況への対応力を高めていきます。

（2）スピード域が上がっても、カービングでターンを制御し、等速で滑ることが目標です。

ミドルライン

オーソドックスなライン取り。コブの形状に左右されずスピードとターン弧をコントロールしやすい。

1
2
3
4
5
6
7

ナローライン

よりスピーディに滑るライン取り。カービングでターン制御を行ないスピードをコントロールします。

1
2
3
4
5
6
7

写真：アフロ

Conclusion　初歩動作からプルークボーゲン、ベーシックパラレルターンと技術レベルが上がっていくにつれて、スキーヤーは"できること"が増えていきます。そしてダイナミックパラレルターンで自在なスキーコントロールを身につけることによって、その可能性は大きく広がります。

グルーミングされたゲレンデだけにとどまらず、バックカントリーでパウダースノーを楽しんだり、レーシングやモーグルといった競技に挑戦したりとスキーにはさまざまな志向があり、それぞれの楽しみ方があります。楽しむためには当然技術が必要であり、こういったさまざまなジャンルにトライするための土台となるのがここまで展開してきたプログラムです。

たくさんの人を魅力あるスキーの世界へ誘うために、あるいは指導者自らの技術向上のためにもこのプログラムを広く活用していただき、さまざまなことにトライするきっかけになることを願います。

Part 2 スキー指導と安全

NATIONAL SKI METHOD OF JAPAN

スキー環境とルール

スキー場の環境と
その特性を理解する

ファットスキーの普及が進んだことや、上質のパウダースノーを求めて外国からも多くのスキーヤーが訪れるようになったこと（インバウンドの増加）等を受け、バックカントリーでの事故が頻発しています。自然の雪山で滑りを楽しむことはスキーの醍醐味なので、それを頭から否定するものではありません。しかしながら、人の手が及んでいないバックカントリーには、生命・身体に深刻なダメージを与えかねない危険が多々潜んでいます。安全にスキーを楽しむには、まずは、人工的に管理されたスキー場の「コース」において、本書に示されたような各技術を反復して練習するとともに、安全滑走に必要な知識や素養をしっかり身につけておくことが重要です。

近年、不用意に、あるいは誤って「コース外」や「バックカントリー」に出てしまい、事故に遭っている例を多く見受けます。そうした悲劇を避けるには、スキー場の環境とその特性についてよく理解した上で、慎重に行動することが必要です。

【スキー場（管理区域）】

イメージ図に "BOUNDARY" と記された点線の内側が「スキー場」です。ここは、スキー場管理者（事業者）によって、スキーヤーが安全に滑れるよう人為的なコントロールが施されている場所です。そうした安全管理の対象となっているので、「管理区域」とも呼ばれます。つまり、"スキー場≒管理区域" となります。それぞれのスキーヤーが通常の予測力を働かせながらルールを守って行動していれば、ここで大きな事故が発生することはまずありません。

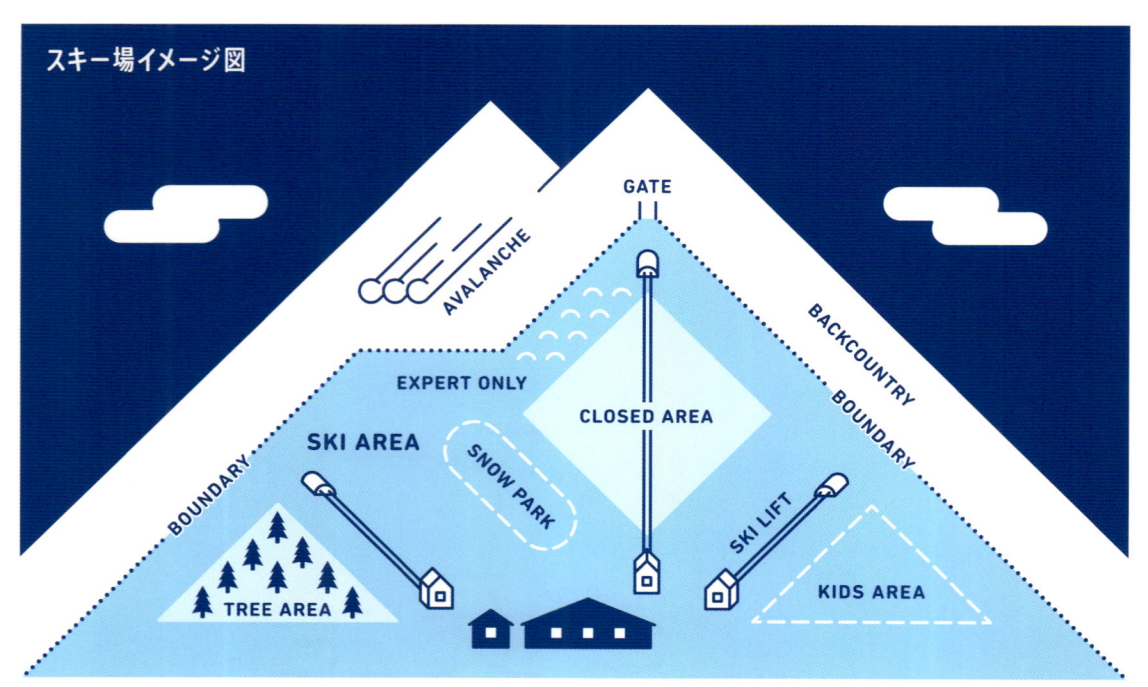

スキー場イメージ図

GATE · AVALANCHE · BACKCOUNTRY BOUNDARY · EXPERT ONLY · CLOSED AREA · SKI AREA · SNOW PARK · BOUNDARY · SKI LIFT · TREE AREA · KIDS AREA

布目靖則「スキー場安全マニュアルvol.1〜3」、中央大学保健体育研究所ホームページ（2024年7月1日取得、https://www.chuo-u.ac.jp/research/institutes/hsscience/）より

【バックカントリー（山岳）】

"BOUNDARY" とは境界線のことであり、その外側が「バックカントリー」になります。ここは、スキー場のように人の手による管理がなされておらず、さまざまな危険がコントロールされないまま残されているため、"遭難"や"雪崩"などの重大事故が発生しやすい場所です。スキー場とバックカントリーとは地続きになっているため、境界線を挟んだ"向こう側"と"こちら側"とでさほど違いがないように見えるかもしれませんが、それは大きな間違いです。境界線の外側は危険に満ちた自然の雪山であり、自己責任にもとづく行動が厳に求められる場所であることをしっかりと認識しなければなりません。必要な準備や所定の手続きを経ず、バックカントリーへ出てはなりません。

【境界線（boundary）】

半自然・半人工の環境である「スキー場」と、最も自然条件が厳しい冬の山岳地である「バックカントリー」とを分けているのが、この「境界線（boundary）」です。スキー場から危険なバックカントリーへ誤って踏み込んでしまわないよう、境界線（boundary）がどこにあるのかをよく確認しながら滑らなくてはなりません。

その際、次の二点に留意する必要があります。一点目は、スキー場マップに境界線（boundary）が明示されていないことが稀にあることです。おそらく、"コースが1つだけしかない"あるいは"コース外には雪が積もっていない人工降雪のスキー場である"などの理由で、スキー場管理者があえてマップに境界線を書き込む必要性はないと判断したものと思われます（しかし、

この点はスキー場管理者に強く改善を求めたいところです）。

二点目は、現場において"境界線は、そのすべてがロープなどで連続的に囲われているわけではない"ということです。なぜそうなっているのかといえば、我が国のスキー場の多くは森林を切り開いてつくられているため、ほとんどの場合、"植生界"によってスキーヤーが境界線をそれと認識することが難しくないからです。常識的に境界線とわかるような箇所にまで、わざわざロープや看板等は設置されていないことに注意する必要があります。

【コース およびコース外（立入禁止区域）、コース閉鎖（滑走禁止）】

スキー場（管理区域）は、滑走が許されている「コース」と、滑走が禁止されている「コース外」の二つで構成されます。イメージ図に "CLOSED AREA" と記された場所は後者にあたります。もし、コース境界がわかりにくい箇所があれば、boundary と同じように、現場にロープやネット等が設置されているはずです。コース外には絶対に出ないようにしてください。自身が危険な目に遭うだけでなく、その行動が原因となって、コース内にいる他のスキーヤーを危険な目に遭わせてしまうこと（例えば雪崩の誘発など）があるからです。

なお、コースであったとしても、常にそこを滑れるわけではありません。コンディション不良のため、あるいは安全管理業務等のため、一時的に「コース閉鎖（滑走禁止）」となる場合があります。その際、現場には看板やロープなどを用いて閉鎖中であることがスキーヤーにわかるよう告知・表示されます。スキー場管理者からのこうした指示には従わなければなりません。

【キッズエリアおよびパーク】

「キッズエリア」は、文字通り子どもたちが雪遊びやそり等を安心して楽しむために設置された場所です。通常、ネット等を用いて一般のコースとは仕切られるかたちになっています。子どもは、ときに予測不能な動きをするものです。ここから急に子どもが飛び出してくることも想定されるので、付近を滑る際は徐行するよう心掛けましょう。

「パーク」も通常、ネット等で囲まれた専用エリアとなっています。ハーフパイプ、キッカー（ジャンプ台）、レール（金属製の手すり状のもの）、ボックス（強化プラスチック製などの箱形状のもの）といった人工的なアイテムが設置されており、これに乗ったり、そこから飛んだりするため、活動には高度の危険がともないます。利用の際は、掲示板などの注意書きに従って行動し、くれぐれも無茶をしないようにすべきです。

なお、これらの施設は、すべてのスキー場に設置されているわけではなく、また、一部有料となっている場合がありますので、事前確認が必要です。

【ツリーランおよび非圧雪コース】

「ツリーラン」は、自然の木々の間を滑るもので、コースとコースに挟まれた疎林に設置されることが多いようです。自然と一体化するような雰囲気がある一方、立木衝突やツリーウェル（木の側に開いた深い穴）への転落が多発しているため、危険です。立木には近寄り過ぎないよう注意して滑らなくてはなりません。

「非圧雪コース」では、"深雪（パウダー）"や"コブ"などを楽しむことができますが、ここはエキスパート専用のコースとなります。実力がともなわないまま興味本位で立ち入らないようにしてください。

【ゲート（アクセスポイント）】

スキー場からバックカントリーにアクセスしようとする際、"登山届"を提出したうえでここを通ります。専門トレーニングや諸準備なしにバックカントリーに向かうことは絶対にしてはいけません。また、ゲートを通過せず、好き勝手な場所からバックカントリーへ出ていくこともしてはいけません。そうした人たちが残したシュプールを誤って追ってしまった一般の人たちをバックカントリーへ迷いこませる結果となるからです。なお、ゲートが設置されていない、あるいは、そもそもバックカントリーへ出ることを認めていないスキー場もありますので、詳細は各スキー場へ問い合わせる必要があります。

【コース難易度】

スキー場発行の"マップ"には、各コースの難易度が色分けして表示されています。これについて、スノースポーツ安全基準およびFISは、「上級コース＝黒、中級コース＝赤or青、初級コース＝緑」と指定しています。自己の技量に加え、雪面状況や天候等についても考慮し、無理のないプランを立てるようにしましょう。引率・指導の際は、技量が一番劣る人を基準として全体で行動するのが鉄則です。

スキー場の「ルール」を遵守する

コース上のどのラインを選択してどんな滑りをするかは、それぞれのスキーヤーの自由です。しかし、スキー場は「公共の場」であるため、それが制限なく許されるわけではありません。他のスキーヤーへ危険が及ばないようルールに従って行動する必要があります。スキー場においてスキーヤーが守らなくてはならないルールは、次の通りです。これらに違反して事故を起こしたスキーヤーは、その結果のいかんによっては、法的(刑事および民事)責任を問われる場合があります。

スキーヤーとスノーボーダーの行動規範（10FISルール・2002年版）

1 他者の尊重
スキーヤーとスノーボーダーは他者を危険にさらしたり、損害を与えることのないように行動しなければならない。

2 スピードとスキーのコントロール
スキーヤーとスノーボーダーはコントロールして滑らなければならない。斜面、雪質、天候の状況や自らの技術はもちろん、混み具合にも合わせたスピードと滑り方で滑らなければならない。

3 滑走ルートの選択
後ろから滑ってくるスキーヤーとスノーボーダーは、前方を滑っているスキーヤーやスノーボーダーを危険にさらすことのない滑走ルートを選ばなければならない。

4 追い越し
追い越されるスキーヤーやスノーボーダーが意識的にも、無意識的にも動けるスペースを残しておけるならば、スキーヤーやスノーボーダーは他のスキーヤーやスノーボーダーを上下左右から追い越すことができる。

5 合流と滑走再開
指定コースに合流するスキーヤーとスノーボーダーや、停止した後に再度滑り始めるスキーヤーとスノーボーダーは、自分自身も他のスキーヤーやスノーボーダーも危険にさらすことなく合流できるように、滑走コースの上下を確認しなければならない。

6 ピステでの停止
やむを得ない場合を除き、スキーヤーとスノーボーダーはピステ上の狭い場所や視界の悪い場所での停止を避けなければならない。そのような場所で転倒したときは、出来るだけ早くそこを立ち退き、ピステを空けなければならない。

7 徒歩での登り降り
徒歩で登り降りする場合、スキーヤーやスノーボーダーは、ピステの端を歩かなければならない。

8 シグナル（標識）やマーキングの順守
スキーヤーやスノーボーダーはシグナルやマーキングを守らなければならない。

9 援助
事故が起きた場合、すべてのスキーヤーやスノーボーダーはそれを援助しなければならない。

10 身元の確認
全スキーヤーとスノーボーダーおよび目撃者は、事故の責任の有無を問わず、氏名と連絡先を交換しなければならない。

国際法として	「10FISルール」
国内法として	「スノースポーツ安全基準」
その他として	「ローカル・ルール」や
	「スキー場利用約款」など

ここでは、国際ルールたる「スキーヤーとスノーボーダーの行動規範（10FISルール）」について取り上げます。スキー場を滑るスキーヤーの行動規範が、10か条のなかにコンパクトに収められており、覚えやすい内容となっています。インバウンドやアウトバウンドによって多くのスキーヤーが越境するなか、世界に共通するこのルールが果たす役割は益々大きいといえます。

国内ルールたる「スノースポーツ安全基準」に示された"スキーヤーの責務"に関する条文は、「10FISルール」とほぼ同じ内容です。したがって、スキーヤーが「10FISルール」に従って行動していれば、それは結果として、「スノースポーツ安全基準」にも則った行動となっているはずです（「10FISルール」と「スノースポーツ安全基準」とは一体のものとして解釈・運用される）。条文は、全国スキー安全対策協議会のホームページにて公開されています。

その他、スキー場によっては「ローカル・ルール」や「スキー場利用約款」を定めているところもあり、その場合は、それらにも従う必要があります。ローカル・ルールや利用約款に関する情報（その有無および内容について）は、各スキー場のホームページや窓口を通じて入手することができます。

もちろん、スキーヤーがルールさえ守っていれば、すべての事故が防げるというものではありません。しかし、そうすることによって、例えば対人衝突事故の類はほとんどなくすことができるはずです。コース上ではイレギュラーな行動をせず、お互いが安全に滑れる環境をスキーヤー自身の手で共に創り上げていこうとする意識と実際の行動が求められます。また、引率や指導の際には、随行者や受講者へ自ら安全滑走の「範」を示しつつ、彼らがルールを犯すことのないよう監督・指導しなければなりません。技術指導とあわせ、スキー場のルールについて教える機会を講習のなかに積極的に組み込んでいくべきです。

〈文・布目靖則〉

スキー指導におけるリスクアセスメントとPDCAサイクルの活用

リスクアセスメントとは

リスクアセスメント（リスク評価）とは、特定の事象や活動に関連するリスク（危険）を識別、評価し、それを管理・制御するための手続きや方法を指す言葉です。具体的には、以下のステップで構成されます。

1. リスクの識別：危険や問題が生じる可能性のある要因やシナリオを特定します。
2. リスクの分析：識別されたリスクの原因や発生確率、影響の大きさなどを分析します。
3. リスクの評価：分析に基づき、リスクの優先順位を決定します。これは、リスクの重大性や受け入れ可能なレベルを考慮して行ないます。
4. リスクの対応策の選択：リスクの軽減、受け入れ、移転、回避など、リスクにどのように対応するかを決定します。
5. 実行とモニタリング：選択された対応策を実施し、その結果を監視・評価します。必要に応じて対応策を再評価・調整します。

リスクアセスメントは、製造業、工事現場、ヘルスケア、IT、金融サービスなど、多くの産業分野や活動で使用されます。特にプロジェクト管理、製品の設計・開発、事業の戦略計画など、さまざまな意思決定の際に潜在的なリスクを正確に把握し、適切に対応するために行なわれます。

スキー指導におけるリスクアセスメント

スキー指導におけるリスクアセスメントは、参加者の安全を確保し、事故やケガを防ぐために非常に重要です。このプロセスは、さまざまなリスク要因を特定し、それらに対応する適切な予防策や緊急対応計画を策定することを含みます。以下に、スキー指導におけるリスクアセスメントの主なステップを詳述します。

1）リスクの識別

最初に、スキー指導時に考えられる様々なリスク要因を特定します。主なリスク要因には以下のようなものがあります。

- 参加者の能力と経験：初心者、中級者、上級者など、参加者のスキルレベルと経験
- 健康状態と体力：参加者の健康状態、体力レベル、特定の健康問題
- 装備の適切性：スキー板、ブーツ、ヘルメットなどの装備が適切かつ正しく調整されているか
- 天候と気候条件：気温、視界、降雪、風の強さなど
- 地形とコースの条件：コースの斜度、凍結、地形の変化、コースの混雑度など
- 外部要因：他のスキーヤーやスノーボーダー、コース外の障害物

2）リスクの分析

- 発生確率と影響：各リスクが発生する確率と、発生した場合の影響の両方を評価
- 既存の予防策の有効性：すでに行なわれているリスク軽減策の効果を分析

3）リスクの評価

- リスクの優先順位付け：リスクの重大性に基づいて、どのリスクが最も注意を要するかを決定
- 受け入れ可能なリスクレベルの決定：どの程度のリスクが許容可能かを判断

4）リスク対応策の策定

リスクに対処するための具体的な戦略を策定します。これには、以下のような対策が含まれることがあります。

- 適切なグループ分け：参加者をスキルレベルに応じてグループ分けする

- 安全教育：安全なスキーの方法、装備の正しい使い方、緊急時の対応方法を教える。
- 装備のチェック：各参加者の装備をチェックし、必要に応じて調整する
- コース選択：参加者のレベルに適したコースを選択する
- 気候と天候のモニタリング：天候の変化に注意し、必要に応じてプログラムを調整する
- 救急手当の準備：救急キットの準備と、ケガの際の対応プロセスを確立する

5）実行とモニタリング
- 対策の実施：実際のスキー指導時にこれらの対策を実行
- 状況の監視と調整：状況の変化に応じてリスクアセスメントを継続的に更新し、必要に応じて対策を調整

6）フィードバックとレビュー
- 参加者やスタッフからのフィードバック：実際の体験に基づく意見を集める
- レビューと改善：リスクアセスメントのプロセスを定期的にレビューし、改善策を実施

スキー指導におけるリスクアセスメントは、教育、スキルの向上だけでなく、参加者の安全を守る上で不可欠です。スキー指導者はリスクを理解し、適切に管理することで、参加者に安全かつ楽しいスキー体験を提供するための取り組みを行なうことが重要です。

リスクアセスメントの実践

1）実施の準備
スキー学校、団体のトップが導入表明を行なうことで導入がスムーズになります。その後は実際に指導する者でリスクを互いに感じあえる場づくり、互いに信頼して危険について自由に話し合える雰囲気づくりが最も大切です。毎シーズン、毎月、毎週、毎日なのかを決めて、リスクアセスメント作成会議を行ないます。実施者は指導者、主任者、管理者、安全スタッフで行ないます。

2）記録書の作成
リスクアセスメント記録書を作成して危険要因の洗い出しを行ない、事故に至るプロセスは何なのかを考えます。P136の表1は一例ですが、このように、実際に起こりえるリスクを作業種に分け、できるだけ具体的に洗い出していきます。

3）リスクの見積もり
災害の起こる可能性の程度と災害のひどさの程度を考えます。表2のように、災害の可能性と重大性を○、△、×で表して積算します。（数字で表す方法もありますが、ここでは○△×で行ないます）。

4）リスクの評価
リスクの見積もりで積算したものを使って、リスクレベル評価を行ないます。許容範囲なリスクなのか、抜本的変更による対策など、根本から検討する必要があるかを判定。表3のようにリスクレベルを判定、評価します。

5）リスクの低減対策の検討と実施
必要な低減対策の検討、リスク再見積りと再評価。リスク低減対策の優先順位の決定と実施を行なっていきます（表4参照）。

6）内容の記録
作成したリスクアセスメント記録書は必ず保管します。

7）PDCAサイクルの活用
安全指導管理を進めるためには、定期的にリスクアセスメント表を用いて、手順書を見直し、改善策を考え、再周知を行ないます。PDCAサイクルを実施し、常に改善を進めることが危険ゼロへの近道と考え、安全水準をスパイラル状に向上させることが望まれます。

8）KY（危険予知）活動の実施
主任者を中心に各々が毎朝指導前に当日の指導内容に対するKYを表記し、責任者、主任者がチェックすることで、指導内容とリスク対策の確認を行ないます。この他に睡眠や、体調のチェック欄を作ることも、KY表としては充実します。また、団体指導を行なう場合は、レベルに応じて全体のリスクアセスメントを行ない、指導に携わる全員がチェックを行なうことで安全確認を周知徹底すると、安全対策がより重厚になります。

表1

指導の対象者	～するとき	～したとき	～（事故の型）になる
上級者の生徒	急斜面で大回りをさせたとき	上方向の確認をしないで、スタートしたとき	上部から滑ってきた滑走者と衝突した
初心者の生徒	スキーを履かせたとき	スキーが後ろ向きに滑ったとき	レストハウス前のスキーラックに衝突した

表2

リスクの見積もり	○ 軽微	△ 重大（パトロール連絡）	× 極めて重大（パトロール連絡）
○ほとんど起こらない（10年に1回）	○○	○△	○×
△たまに起こる（シーズンに1回程度）	△○	△△	△×
×かなり起こる（1カ月に1回程度）	×○	×△	××

表3

リスクの見積り	リスクレベル	リスクへの対応
××	5	受け入れ不可能なリスクで、即座に他の方法へ回避する必要がある
×△・△×	4	受け入れ不可能なリスクで、抜本的対策を実施する必要がある
○×・×○・△△	3	受け入れ不可能なリスクで、何らかの対策を実施する必要がある
○△・△○	2	許容可能なリスクで、現時点の対策の必要がない（残留リスクあり）
○○	1	受け入れ可能なリスクで、対策の必要がない（残留リスクあり）

表4

指導の対象	～するとき	～したとき	～（事故の型）になる	可能性	重大性	評価
上級者の生徒	急斜面で大回りをさせたとき	上方向の確認をしないでスタートした	上部から滑ってきた滑走者と衝突した	×	×	5
低減対策（こうする！）	学習者には、スタート時の安全確認（上方、周囲の確認）をしっかり行なうことを説明する			△	○	2
初心者の生徒	スキーを履かせたとき	スキーが後ろ向きに滑ったとき	レストハウス前のスキーラックに衝突した	×	△	4
低減対策（こうする！）	初心者にスキーを履かせる場所は、スキーを履いたときに滑り出さないように平坦な場所を選択する、また斜面に移動する際も近くに危険な設置物がないかを確認して指導を行なう			○	○	1

PDCA サイクルとは

　PDCAサイクルは、組織の運営やプロジェクト管理における継続的な品質向上を目指すフレームワークであり、計画（Plan）、実行（Do）、評価（Check）、行動（Act）の4つのフェーズから成り立っています。この手法は、アメリカの品質管理の専門家であるウィリアム・エドワーズ・デミング博士によって普及されたもので、デミングサイクルとも呼ばれています。PDCAサイクルは、組織が直面する問題を系統的かつ科学的に解決し、プロセスや製品の品質を持続的に改善することを目的としています。

Plan（計画）

　このフェーズでは、目標の設定と達成のための具体的な計画を立てます。計画段階では、現状分析、問題の特定、原因の特定、解決策の提案、目標の設定などが行なわれます。計画は、達成可能で測定可能な目標に基づいて策定されるべきです。

Do（実行）

　計画に基づき、実際に行動を起こします。このステップでは、計画の実施によって予定された成果が得られるかをテストすることが目的です。小規模な試行（パイロットテスト）を通じて、計画の実行可能性と効果を確認することが一般的です。

Check（評価）

　実行フェーズの結果と計画された目標を比較し、目標達成度合いや計画との差異を評価します。この評価プロセスを通じて、

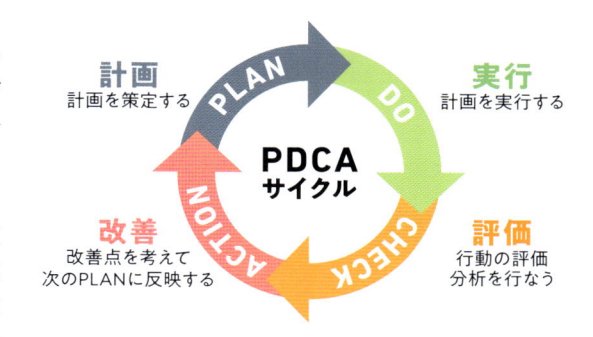

予期しなかった問題や新たな知見が明らかになることがあります。評価は、定量的データに基づく測定と定性的分析の両方を含むべきです。

Act（改善）

評価の結果、計画の修正やプロセスの改善が必要と判断された場合、その改善を実施します。このフェーズでは、得られた知見を基に、プロセスの改善や問題解決策の実装が行なわれます。また、次のPDCAサイクルにおける改善点の特定も行なわれ、継続的な改善プロセスが構築されます。

PDCAサイクルは、その柔軟性と汎用性により、さまざまな産業や業務プロセスの改善に適用されています。組織が直面する具体的な課題や目標に応じて、PDCAサイクルはカスタマイズされ、繰り返し適用されることで、継続的な品質向上と効率化を促進します。

安全確保のためのPDCAサイクル

スキー学校や団体におけるスキー指導の安全確保にPDCAサイクルを活用することは、効果的なリスク管理と持続的な改善に不可欠です。以下に、各ステップを具体的に説明します。

1) Plan（計画）

目的の設定

- 安全なスキー指導のための具体的な目標を設定します。たとえば、事故発生率の削減、参加者の満足度向上など

リスクアセスメント

- スキー指導に関連するリスクを識別し、評価します
- 参加者の能力、健康状態、装備、天候、コースの状況などを考慮します

全計画の策定

- リスクを軽減するための具体的な戦略を策定します
- 指導方法、コース選択、装備のチェック、緊急時の対応計画などを含みます

安全教育

- インストラクターやスタッフに対する安全教育を計画します

2) Do（実行）

安全計画の実施

- 計画した安全対策を実際のスキー指導に適用します

教育と訓練の実施

- スタッフと参加者に対して安全に関する教育を行ないます

コミュニケーションの強化

- 安全に関する情報の共有と、参加者への適切な指示の提供を行ないます

3) Check（評価）

モニタリングと評価

- 実施した安全対策の効果をモニタリングし、評価します
- 事故発生率、参加者やスタッフからのフィードバックなどを収集します

データ分析

- 収集したデータを分析し、計画の効果を検証します

4) Act（改善）

問題点の特定

- モニタリングやフィードバックから問題点を特定します

改善策の策定と実施

- 問題点を解決するための改善策を策定し、実施します

次のサイクルへ

- 改善されたプロセスを次のPDCAサイクルの「Plan」フェーズに組み込みます

スキー学校では、このPDCAサイクルを継続的に回し、スキー指導の安全性を向上させることが大切です。このプロセスを通じて、リスクを効果的に管理し、参加者にとって安全かつ楽しいスキー体験を提供できるようになるでしょう。

スキー傷害・予防の観点から見た体力および身体の使い方

カービングスキーの登場により、初心者の人でもそれ以前と比べてより短時間に技術が上達し、簡単にスキーを楽しむことができるようになりました。その一方で、スキーによって発生する傷害については、カービングスキーの登場如何に関わらず、スキー界にとって大きなテーマとなっています。特に、ワールドカップレーサーにおける膝関節の前十字靭帯損傷（ACL損傷）については、その傷害の重篤度から海外、特にヨーロッパを中心に社会的な問題にまで発展しており、国際スキー・スノーボード連盟（FIS）も様々な対策を講じています。一般のスキーヤーにおいても、一度重篤な傷害が発生すれば、その後のスキーライフに大きな影響を及ぼし、最悪のケースではスキーをやめてしまうということにもつながりかねません。

ここでは、スキー傷害の現状を概観し、代表的なスキー傷害の発生メカニズムを理解することを通してどうすれば傷害を予防できるかを考えます。また、傷害を予防するための基礎となる体力について説明し、傷害と密接に関連している身体の使い方について具体的な方法を紹介します。

1. スキー傷害

スキーに関連して起こるケガや故障をまとめて、"スキー傷害"と言います。傷害には短時間に大きな力が身体に作用して発生する"外傷"と同じ場所に繰り返し力が作用して発生する"障害"の2つがあります。捻挫や骨折、膝の前十字靭帯損傷などは外傷、腰痛などのいわゆる使いすぎ症候群の症状を呈するのが障害です。

スキーは用具を用いて斜面を比較的高速で滑り降りる運動であるため、陸上での運動と比べて特に外傷の発生する危険性がより高いといえます。たとえば、用具を用いて比較的高速で移動する自転車のほうが落車や衝突などによって、より大きな外傷を起こしやすいといえば納得していただけるでしょうか。スキー外傷のもっとも代表的なものは膝の外傷です。スキーにおける膝の外傷は他の部位と比較して圧倒的に高く、様々な統計をみてもスキー外傷全体の3割近くを膝の外傷が占めています。下腿や足部の外傷がそれぞれ1割程度であり、その他の部位はさらに低い割合だということをみれば、いかにスキーにおける膝の外傷が多いかがわかります。

スキー外傷の年代別の推移をみてみると、1970年代までは下腿や足関節の骨折や靭帯損傷が多かったのですが、それ以降急激に下降し、一方、膝の外傷（特に靭帯損傷）についてはあまり変化がないという状況です。カービングスキーの登場により膝前十字靭帯損傷が増加したという議論がありますが、議論の対象となっているのが、ワールドカップ選手なのか、それとも一般スキーヤーなのか、また、MRIを含めた膝前十字靭帯損傷の診断技術の進歩により、以前は見逃されていたものが発見できるようになった影響などもあり、文献的にみても一定の結論に至っていないのが現状です。しかし、スキー外傷の発生比率をみても膝の外傷をどう防いでいくかということはスキー界全体にとって大きなテーマの1つです。SAJが2016年から収集しているInjury Report（SAJ強化指定選手が活動中に1日以上試合や練習を休み、医師の判断が必要な案件を報告。）においても、膝

前十字靭帯損傷はここまでもっとも多く報告されている傷害となっています。

スキーにおける障害については、統計的なデータがあまりないのですが、競技選手、一般スキーヤーともに腰痛がもっとも大きな問題であると予想されます。たくさん滑ると腰が痛くなるという不安を抱えているスキーヤーも多いのではないでしょうか。腰痛については、近年、体幹部分の筋機能に関する研究が進み、予防方法を含めかなり明らかになってきています。コアトレーニングなどの名称で体幹部分の機能を高め、腰痛を予防する取り組みも様々な種目で行なわれています。

2.膝前十字靭帯損傷の 発生メカニズム

近年、この分野の研究が進み以前とは異なる受傷機転(メカニズム)が明らかになってきています。特に、全日本スキー連盟の情報・医・科学部員である古賀英之先生も参加されているOslo Sports Trauma Research Centerが行なった「アルペンスキー・ワールドカップにおけるACL傷害メカニズムの解析」チームの研究が代表的であり、新たな知見を提供しています。そ

こでは、ACL損傷のメカニズムとして、Slip-catch、Dynamic snow plow、Landing back-weighted、Hyper extension、ER/valgus、ER/deep flexionの6つを挙げています(図1)。中でもSlip-catchによる受傷が全体の半数を占めているということは見逃せない事実です。Slip-catch及びDynamic snowplowによる受傷は、以前に報告されていた受傷機転とは明らかに異なり、どう防ぐかを考えるためには、新たな考察が必要となります。Slip-catchの特徴を写真を追いながらみていくと(写真A)、

(1)ターン中にスキーヤーは後方またはターン内側方向にバランスを崩し、外スキーが雪面から離れる、もしくはグリップを失いコントロールされていない状態になります。

(2)バランスを崩した体勢を立て直そうと、膝が伸展した状態になります。

(3)外スキーが雪面に接地するとスキー板のインエッジは急激に失われていたグリップを取り戻し、スキー板が急激に方向転換をして前方に走り出します。

この(3)の瞬間に、急激な外反および内旋方向のねじれが膝に生じて靭帯が損傷し

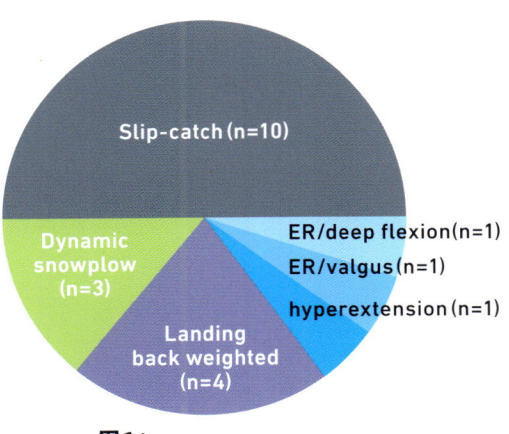

図1:
ワールドカップレーサーにおける
ACL損傷のパターン

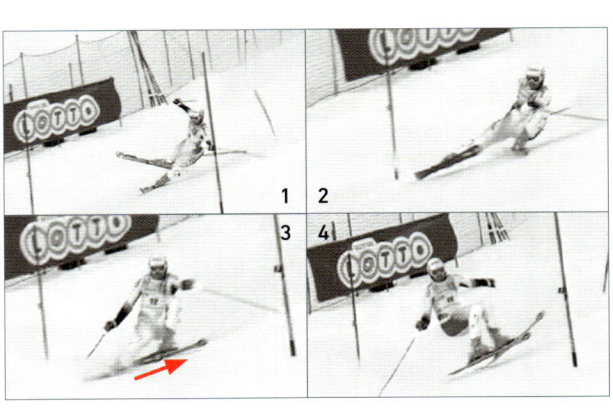

写真A:
Slip-Catch (スリップキャッチ)

てしまうというのが、Slip-catchの受傷メカニズムです。

　Dynamic snowplowにおいても（写真C）、グリップ力を失ったスキーが急激にグリップ力を回復することにより膝に大きな負荷が生じて靭帯を損傷してしまうというメカニズム、および外側のスキーがコントロールを失うという点についてはSlip-catchと同様です。異なるのは外スキー側の膝ではなく、内側の膝を受傷するという点です。

　こうしたタイプの受傷を防ぐためにはどうしたら良いのでしょうか。一言でいってしまえば、“正確なターン動作を行なうこと”ということになります。そう言ってしまえば簡単ですが、スキーにおいて常に正確なターン動作を行なうことは不可能に近いと

写真C：
Dynamic snowplow
（ダイナミックスノープラウ）

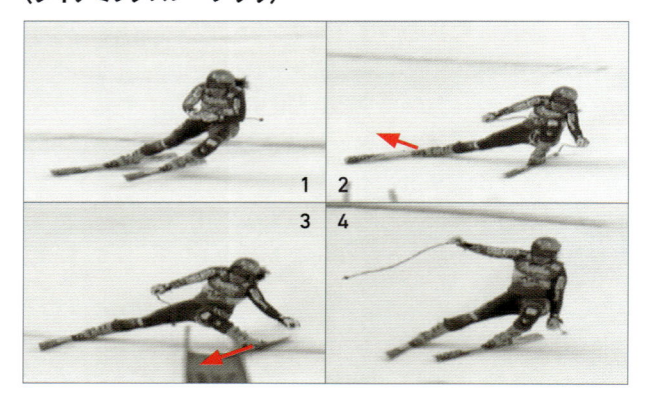

いえます。ターン動作自体が不安定な部分と安定的な部分を繰り返す運動であるので、ある程度ミスを恐れずトライする部分が必要だからです。では、どうすれば良いのでしょうか。まず、注目したいのがSlip-catch、Dynamic snowplowの両者に共通しているのは、ターンの導入の部分で外スキーのコントロールが失われているという点です。外スキーがシェーレンしてしまうというのが典型的ですが、一旦、コントロールが失われたスキーが外スキーであれ内スキーであれ、その後、ある瞬間に急激にグリップ力を回復して受傷してしまうことになります。グリップ力が回復する瞬間は、スキーヤーにとってはある意味予期せぬ瞬間であり、それを防ぐことは非常に難しいといえます。雪面のちょっとした凹凸や雪質、天候による斜面の見え方といった様々な環境的な要因が影響するからです。そこで、外スキーのコントロールが失われないようにすればよいということになるのですが、そのためには、ターンの切りかえから次のターンに入っていく際に、次の外スキーにしっかりと乗り込んでいく動きを意識してしっかりとスキー板のトップからターンに入っていくことが大切です。これはけっして内スキーはどうでもよいと言っているわけではありません。どちらのスキーも重要ですが、このように書くと外

写真B： 内反膝（O脚）　　　　外反膝（X脚）

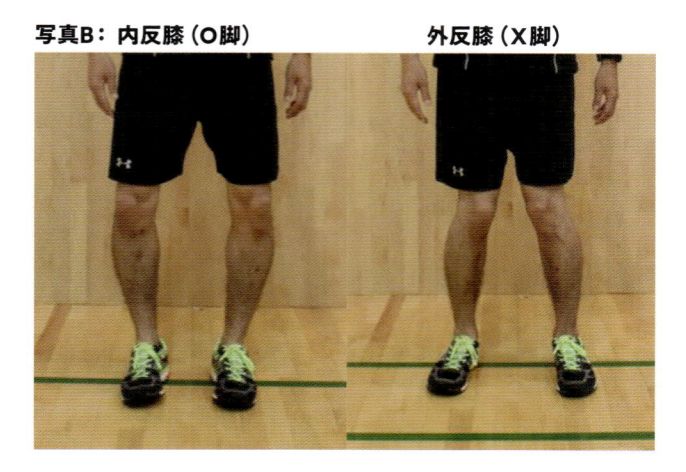

膝内旋　　　　膝外旋

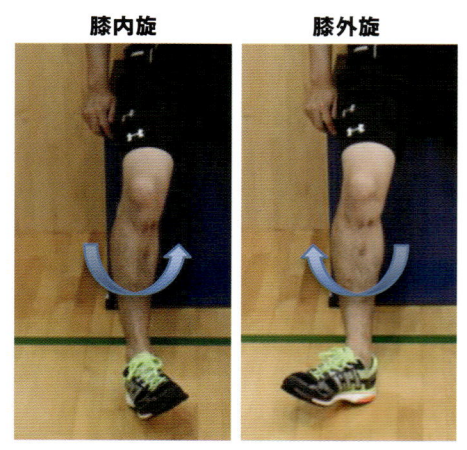

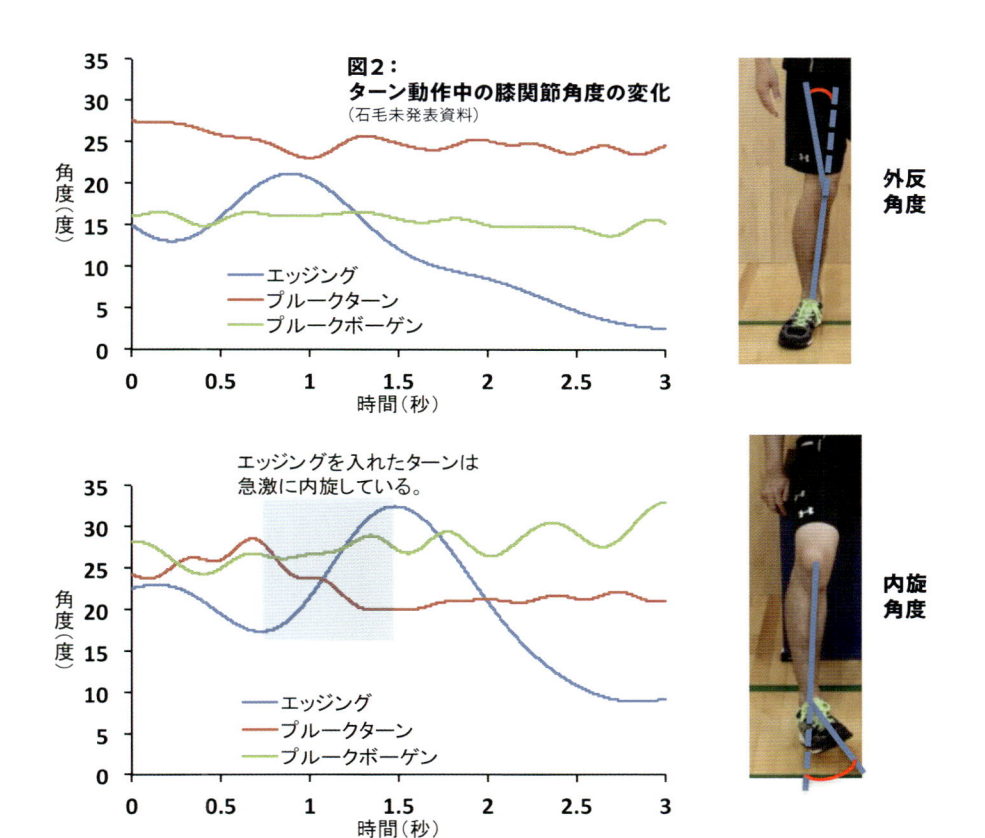

図2：
ターン動作中の膝関節角度の変化
（石毛未発表資料）

外反角度

内旋角度

エッジングを入れたターンは急激に内旋している。

エッジング
プルークターン
プルークボーゲン

脚のみが強調され過ぎる場合があるので注意してください。Slip-catchの受傷シーンをみてもわかるように（写真A）、ターンの導入の部分で外スキーが完全に浮いてしまい、コントロールを失っています。必然的に身体は必要以上にターン内側に傾き、いわゆる内倒の状態になってしまっています。一般スキーヤーにおいてもターンの始動の部分で必要以上に内倒してしまうことにより、結果として外スキーがグリップを失い受傷してしまうということが起こりえます。また、いわゆる内倒した状態では、外スキーが急激にグリップを回復した際に対応することが難しいポジションであるといえます。仮に、より外スキーの真上に身体があるとすると、身体の下でスキー板に予期せぬ事態が起こったとしても、身体が"動きやすい"状態にあるので、内倒した"動きにくい"ポジションよりも対応できる可能性が高くなります。図2はターン動作中

の膝関節の角度変化を示したものです。図中赤線がプルークターン（カービングを強めたもの）、青線がターン中に意図的に膝のエッジングを急激に強めた（いわゆるチェックを入れた）際のもの、緑の線がプルークボーゲン（スキッディング）です。ターン中にエッジングを急激に強めた場合（図中青線）は、受傷機転であるエッジングのグリップ力を急激に回復させる動作を模したものですが、エッジングの瞬間に内旋方向に急激に角度変化が起こり、外反角度も大きくなっていることがわかります。また、注目したいのは、赤線のプルークターンですが、膝の外反角度は他の2つよりも大きくなっているものの、内旋角度の角度変化は大きくありません。ACL損傷の受傷機転を考えたとき、短時間に大きな角度変化があるということが問題であり、プルークターンのように角度変化（特に内旋方向）が小さければ、たとえ外反角度が大きくなっ

図3:
後傾姿勢で着地した場合の対処方法
無理せずにそのまま倒れてしまうことが
ACL損傷の予防対策となる

ていても問題が起こりにくいということがわかります。ここでも外スキーをしっかりとコントロールしてターンをすることの重要性が理解できます。ちなみにプルークボーゲンでは角度変化がほとんどなく、内旋角度がやや大きいことが確認できます。いずれにしても、ターン導入の部分で不用意な動作によって不安定な状態を作り出すことが危険です。

　一方、Landing back-weightedによる受傷は（写真D）、これまでに報告されていたメカニズムと同様のものであり、予防のための方策が比較的明らかになっているものです。予防するための方策は、"後傾しないこと"です。しかし、これもSlip-catchやDynamic snowplowのときと同様に完全に防ぐことは不可能です。そこで重要となるのが、後傾姿勢で着地しそうになった

写真 D:
Landing back-weighted
（後傾姿勢での着地）

ら、無理に体勢を立て直そうとせず、あきらめてそのまま後方に倒れこむことがよいと思います（図3）。我々が行なった研究でも、膝の関節角度が90度屈曲した状態（写真E）が膝に最も大きな負荷が掛かる危険な姿勢であることがわかっています。つまり、膝を90度屈曲させた状態で着地し後傾した身体を無理に元に戻そうとするとACL損傷を引き起こしてしまう可能性があるということです。

　スキーヤーが危険な瞬間を理解することで、より受傷する危険性を低くすることができる可能性があります。

3.スキーに必要な体力

　体力は大きく分けて3つの要素があります（図4）。それぞれ、ロケットエンジン（瞬発力）、ガソリンエンジン（筋持久力）、ソーラーエンジン（全身持久力）に例えることができます。人間におけるエンジンは筋肉ということになるので、ヒトには3つの出力特性を持ったエンジンが備わっていると考えていただいても結構です。アルペンスキーでは、瞬発力（瞬間的に大きなパワーを出す能力）、筋持久力（比較的大きなパワーを持続する能力）、全身持久力（小さなパワーを長い時間発揮する能力）といった、体力のすべての要素が必要であるとされています。アルペン競技のスラローム、ジャイアントスラロームでは、それぞれの要素が働く割合が、瞬発力約20％、筋持久力約40％、全身持久力約40％と報告があります。この報告がなされたのは1984年とかなり古いので、単純に現在の状況に当てはめるのは危険ですが、ある程度参考になるデータではあると思います。いずれにしても筋持久力、全身持久力といった要素が相対的に大きな貢献をしていることがわかります。

　スキーのパフォーマンスを高めるためには、3つの要素全てが重要であり、競技選手であれば3つの要素全てをしっかりとトレーニングする必要があります。比較的貢

写真E：
膝関節が90度屈曲して後傾した状態

図4：
体力の3つの要素

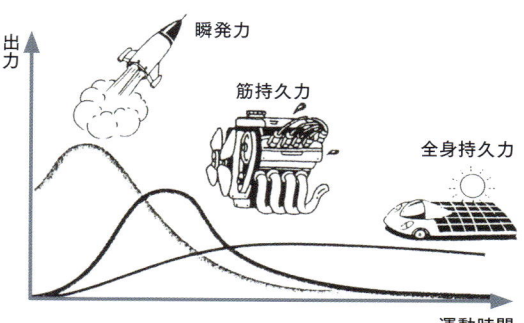

出力

瞬発力

筋持久力

全身持久力

運動時間

献度の低い瞬発力であっても、たとえば、ターン中に雪面から作用する抗力に対処するためには、瞬発力（筋力）が必要です。これは、ターンが高速になればなるほど重要になります。もしも、雪面からの抗力に耐えられなければターンを続けることができなくなり、コースアウトの確率が増します。しかも、雪面からの抗力が身体に作用する際に、筋肉はエキセントリックな活動（P86のエキセントリックの説明参照）をしています。より筋肉への負担が大きい状態でターンをしなくてはいけません。体力を高めればパフォーマンスが上がるという保証はありませんが、より高いパフォーマンスを獲得するための必要条件として体力が必要になるということです。

　一方、一般スキーヤーにおいては、まずは全身持久力が大切です。スキーはある程度標高の高い場所で行なうスポーツです。標高が高い場所では酸素が薄いため、平地に比べて息苦しく感じます。その際、全身持久力が劣っていると、より息苦しく感じたり身体が疲れやすくなったりします。外傷予防の観点からも全身持久力が重要なわけです。

　傷害を予防するという観点から考えてみると、体力的には今述べたように、外傷を予防するために全身持久力が必要です。少し滑って、すぐ疲れてしまう身体では非常に危険です。全身持久力のトレーニングとして代表的なものはランニングや自転車を漕ぐなどの有酸素運動ですが、一般スキーヤーの場合にはトレーニングのための時間を確保することが難しい場合が多いと思います。ある程度のレベルが維持できるように全身持久力のトレーニングを生活のなかで習慣化させる努力が大切です。また、外傷発生のメカニズムから考えるとケガをしないための身体の使い方をトレーニングする必要があります。スクワットや片脚屈伸、サイドジャンプといった定番のトレーニングにおいて、身体の使い方を意識してトレーニングすることが大切です。

　一方、障害予防、特に腰痛を予防するためには、体幹部分のトレーニングを行なう必要があります。近年、コアトレーニングとして脚光を浴びているものなので、ご存知の方も多いかもしれません。さらに、コアトレーニングに加えてストレッチなどの身体のケアをしっかり行ない、柔軟性のあるよい状態を保つ必要があります。ストレッチはトレーニングではありませんが、スキーヤーのコンディションをよい状態に保ち、障害発生のリスクを低くするという点では非常に重要です。

〈文・石毛勇介〉

スキーとフィジカルリテラシー

①フィジカルリテラシー

リテラシーとは、もともとは読み書きの能力を表す言葉です。文字を知り、単語を学び、文法を理解すれば、本を読むことができます。また、文字を使って文章を書くことができれば、自分の考えを伝えることができます。そして現在では、そこから発展し、『さまざまなことを理解したり、創造したり、かかわったりする能力。さらに、人間が自らの目標や目的を成し遂げるために知識や技能を高めたり、共同体やより広い社会に対して貢献し続けたりすることを可能にさせる能力』という意味で使われており、"メディアリテラシー"、"ICTリテラシー"などの使われ方からもわかるように、さまざまな領域ごとにリテラシーがあると考えられるようになってきています。

フィジカルリテラシー（身体的リテラシー）とは、『生涯にわたる身体活動への関与を評価し、責任を負うためのモチベーション、自信、身体的適性、知識、理解』のことです。以下に、フィジカルリテラシーの4つの要素を示します。

モチベーションと自信（情緒）

モチベーションと自信とは、身体活動を生活の一部として取り入れることに対する個人の熱意、楽しみ、自信を指します。

身体的適性（身体）

身体的適性とは、動きのスキルやパターンを発達させる個人の能力、そしてさまざまな動きの強さや持続時間を経験する能力を指します。身体的適性を高めることで、個人は幅広い身体活動や環境に参加することができます。

知識と理解（認知）

知識と理解には、動作に影響を与える本質的な性質を識別して表現する能力、活動的なライフスタイルの健康上の利点を理解する能力、さまざまな状況や物理的環境での身体活動に関連する適切な安全機能を認識する能力が含まれます。

生涯にわたる身体活動への取り組み（行動）

生涯にわたる身体活動への参加とは、日常生活において活動的であることを自由に選択することで、フィジカルリテラシーに対する自分自身の責任を負う個人を指します。これには、ライフスタイルの不可欠な部分として、さまざまな有意義でやりがいのある活動への参加を優先し、継続することが含まれます。

【参考資料】
日本スポーツ振興センター情報・国際部（2023）情報戦略事業資料「フィジカルリテラシー」https://www.jpnsport.go.jp/corp/Portals/0/joukoku/SPID/research/230331_JSC_SPID_PL.pdf（2024.8月26日閲覧）
Physical Literacy (online) What is Physical Literacy, https://physicalliteracy.ca/physical-literacy/（2024.8月26日閲覧）

②スキーとフィジカルリテラシー

モチベーションと自信（情緒）

スキーは、レベルに応じてさまざまな条件設定を楽しむことが可能なスポーツです。適切な斜面や雪質、練習課題を選ぶことで、その時点の技術力でクリアできる小さな成功を味わうことができます。

スキーをとおして成功体験を積み重ねることで、子どもたちは運動への興味を高め、自信を育てます。この自信は、他のスポーツや身体活動にも応用され、積極的な姿勢を促進します。

身体的適性（身体）

雪上という非日常的な環境で、すでに有している運動スキルや運動パターンを駆使し、さまざまな運動強度や運動時間を経験する能力を指します。身体的適性が向上すると、さまざまな斜面で条件に合った滑り方を選択し滑り降りることができます。ま

た、新たなシチュエーションに対峙する、あるいはスキー競技において別の種目に挑戦した際、成功につながる可能性を高めます。

知識と理解（認知）

スキーは、さまざまな斜面変化に対応するバランス能力が必要になるほか、重力や遠心力が日常とは違う形で身体に影響を与える身体活動量の多い運動です。動きを洗練させていくことや安全に滑走するうえで、定期的な練習やトレーニングが必要となります。子どもたちはこの習慣を身に着けることで、健康的なライフスタイルを維持することの重要性を学び、身体を動かすことの大切さを理解します。

生涯にわたる身体活動への取り組み（行動）

スキーという運動には、多くの場合移動を伴います。とくにスキー場まで距離のある都市生活者にとってそれは顕著で、ときにスキーに取り組む障壁となりますが、それでもなお、雪山に足を運んでスキーを楽しむことは、大きな魅力があります。

また、スキーは歳を重ねてからも楽しむことができる生涯スポーツですが、場所に加えて季節が限定されるために、多くの人にとって日常的に取り組むことのできないものと言えます。それゆえに、雪の季節を心待ちにし、日常においてアクティブに過ごすことが、スキーを楽しむための準備となります。

発展的な取り組みを目指すうえでも、活動的な日常は欠かすことのできないものです。また、スキーをライフスタイルの不可欠な部分として認識することは、スキーというスポーツを取り巻く自然環境への関心を持ち、配慮する態度へとつながる大切な入り口とも言えます。

③基礎的運動スキルとフィジカルリテラシー

基礎的運動スキル

フィジカルリテラシーの要素のひとつに身体的適性があります。身体的適性は基礎的運動スキルを発達させる能力ととらえられています。そして、基礎的運動スキルは将来のスポーツや日常生活の動きの獲得につながることをモデルとして提唱され、幼少年期に基礎的な動きを獲得することの重要性が指摘されています。

下図は、代表的な運動スキルの種類です。

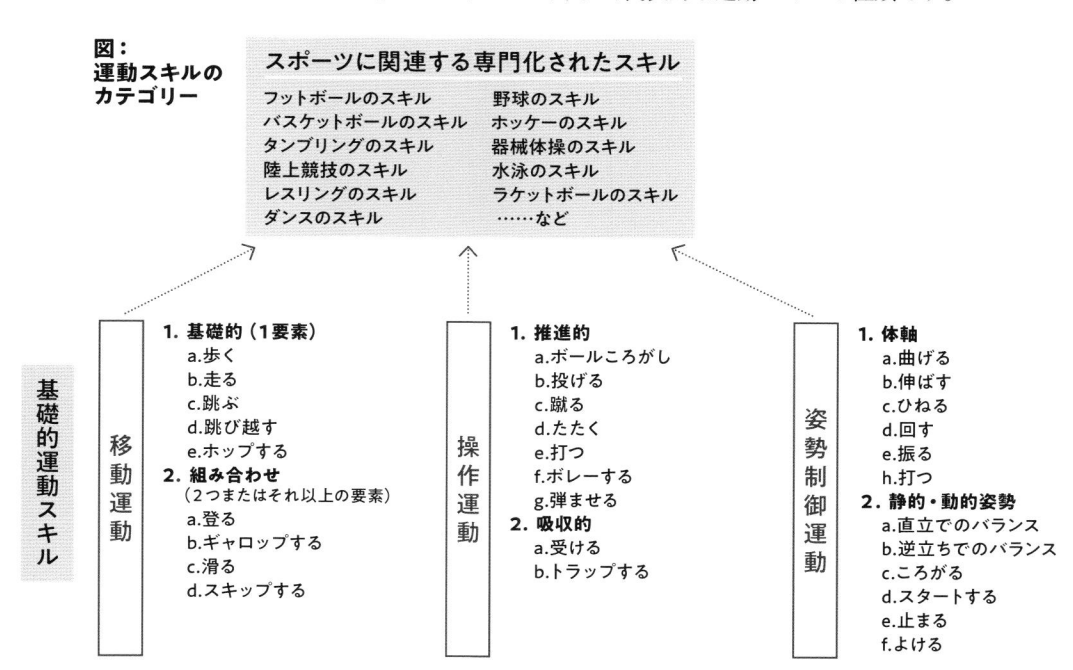

図：運動スキルのカテゴリー

スポーツに関連する専門化されたスキル

フットボールのスキル／野球のスキル／バスケットボールのスキル／ホッケーのスキル／タンブリングのスキル／器械体操のスキル／陸上競技のスキル／水泳のスキル／レスリングのスキル／ラケットボールのスキル／ダンスのスキル／……など

基礎的運動スキル

移動運動
1. 基礎的（1要素）
   a.歩く
   b.走る
   c.跳ぶ
   d.跳び越す
   e.ホップする
2. 組み合わせ（2つまたはそれ以上の要素）
   a.登る
   b.ギャロップする
   c.滑る
   d.スキップする

操作運動
1. 推進的
   a.ボールころがし
   b.投げる
   c.蹴る
   d.たたく
   e.打つ
   f.ボレーする
   g.弾ませる
2. 吸収的
   a.受ける
   b.トラップする

姿勢制御運動
1. 体軸
   a.曲げる
   b.伸ばす
   c.ひねる
   d.回す
   e.振る
   h.打つ
2. 静的・動的姿勢
   a.直立でのバランス
   b.逆立ちでのバランス
   c.ころがる
   d.スタートする
   e.止まる
   f.よける

運動スキルは、基礎的な運動スキルでも、専門的な運動スキルでも、3つのカテゴリーに分類することができます。移動運動、操作運動、姿勢制御運動です。

このなかでもっともスキーと関わりがある、もしくはスポーツのなかでもとくに雪上や氷上で行なうものに密接に関係があると言えるのは、"滑る"という移動運動です。これ以外にも、スキーやブーツ、ストックなどを使いこなす道具操作運動、地形変化や速度変化に対応して姿勢を維持するバランススキル、姿勢を変化させスキーに効果的に働きかけることでターンという結果をもたらす姿勢制御運動など、さまざまな基礎運動スキルに支えられてスキーという活動は成り立っています。

加えて、地形変化や障害物への注意を必要とする二重課題遂行能力（マルチタスク能力）といった、「身体―環界能力（Physicals-Surrounds Competence）」の獲得は、スキーを習熟するうえで、どのレベルであろうとも避けては通ることのできない要素です。運動空間の非日常性を考えると、ここで網羅されている基礎運動スキルと、スキーに専門化された完成形としてのスキルの間には、スキー特有の基礎運動スキルの存在を考慮することが大切です。

スキー特有の基礎運動スキル

スキー特有の基礎運動スキルは、下図のように分類することができます。

これらスキー特有の基礎運動スキルは、移動運動、操作運動、姿勢制御運動の要素を複合的に含んでいますが、スキー用具を使い、雪上での滑走を伴うという点で、陸上の運動とは異なります。つまり、傾斜、落下、重力、遠心力、雪面反力など、スキー滑走に影響を与えるさまざまな条件を通してのみ表現され、身体に与えることが可能な刺激と言えます。

子どもたちにとって、早い時期に多くのスキルの刺激に触れるということが大切です。スキー経験を通じて陸上では得られない刺激を受け、スキルの幅を広げることは、その先のスポーツ経験にもメリットをもたらします。そして、これらスキー特有の基礎運動スキルを高めることが、スキーのパフォーマンスレベルの底上げにつながります。

スキー特有の基礎運動スキルは、異なる雪質、雪面状況、斜度、速度などさまざまな条件で行なうフリースキーやドリルで身に付け、強化します。どちらも遊びの要素を取り入れて楽しみながら取り組むといいでしょう。また、マルチタスク能力を高めるようなコーディネーション要素のドリルも大切です。変則的なストックワークやハンドジェスチャーのようにスキーを操作する下半身と上半身とで別々の動きをしたり、シンクロ、トレイン、追いかけっこ、フォーメーション滑走など、他者のリズム

図：スキー特有の基礎運動スキル

荷重のスキル	スキー上で前後の荷重の変化、左右のスキーへの荷重変化、ターン局面ごとの荷重の変化、雪面コンタクトの維持
角づけのスキル	両スキーエッジの角度の調整、エッジングの維持、内外エッジの使い分け
回旋のスキル	迎え角を作る、舵取りをする、ターン形状のコントロール、上半身と下半身の回旋動作のセパレーション
バランスのスキル	姿勢の変化、スタンスの変化、上肢の動作、斜面変化への対応、ターン弧の変化への対応、ディレクションチェンジへの対応

で滑ったり、距離感を保って滑るなどの練習が有効と言えます。

運動スキルの獲得時期

さまざまなシチュエーションに応じて適切な技術を選択し、パフォーマンスというパズルを完成することの成否は、通常の基礎運動スキルに加えてスキー特有の基礎運動スキルというピースをどれだけ持っているかということに影響されます。

スキーは季節が限定されるスポーツです。それを逆手に取れば、シーズンオフにほかのさまざまなスポーツに取り組むチャンスがあると言えます。それによって蓄積される運動スキルは、すべてスキーに役立つものだといっても過言ではありません。スポーツにムダなスキルはひとつもないのです。

一方で、高いパフォーマンスを発揮するためには、積雪期には集中して練習をすることが必要です。スポーツの専門化のタイミングについては、早期・後期というように単純化されて表現されることが多いですが、背景にはそれぞれの種目の特徴があります。スキーは、雪上という環境への適応や用具の扱いの習熟といった早期の運動感覚の錬成が必要であることから、早いタイミングで環境や用具の「感覚」を養うことが重要で、早期に専門化が必要な"高い運動感覚タイプ"の種目に分類することが正確です。

遊びを通じてスキル向上を

スキーの楽しみ方は、多岐にわたっています。技術習得とともに活動の範囲が広がり、それに伴ってスキルのピースも増えていきます。氷のようなアイスバーンで行なうアルペン競技スキー、モーグル競技やスキークロスのような起伏のあるコースで行なうフリースタイル競技、技の成熟度を披露、審査する技術選など、目的はさまざまです。

競技以外にも、パウダースノーを楽しんだり、圧雪された斜面を、のんびり景色を

楽しみながら滑ったり、仲間とわいわい楽しむこともスキーの魅力です。スキーという活動そのものは、早くから始めたほうが、より高いレベルに到達する可能性が高まりますが、スキー特有の基礎運動スキルを獲得するためには、偏った取り組みは決して望ましいとは言えません。

スキーに限らず基礎的動きの獲得は、おもに遊びを通じた運動経験に大きく影響されていることが予想されています。このことからも、日常生活のなかでの身体を使った遊びや、スキーを履いて雪上で遊ぶという経験が、多くの基礎的スキルの獲得につながり、それによってより幅広く、より良いスキーライフに子どもたちを導いてくれるといえます。　　　　〈文・高村直成〉

【参考資料】
Alpine Canada Alpin（online）Physical Literacy https://ltad.alpinecanada.org/athletes/athleticism-developing（2024.6.2 閲覧）
Balyi, I., Way, R., and Higgs, C.（2013）Long-term Athlete Development. Human Kinetics. Champaign.
ガラヒュー, デビット L.（1999）幼少年期の体育―発達的視点からのアプローチ―.杉原 隆（監訳）.大修館書店.東京.
榎本靖士・中比呂志・有山篤利・野村照夫・山本泰明・杉本和那美（2012）小学校体育において児童に身につけさせるべき基礎的動きとは？, 京都教育大学教育実践研究紀要, 第 12 号, 97-105.
澤江幸則・木塚朝博（2014）未来につながる子どもの身体とその育ち―プロジェクトの取り組みとその成果―. 身体性コンピテンスと未来の子どもの育ち（澤江幸則, 木塚朝博, 中込四郎編著）.明石書店.東京.
高村直成・伴元裕（2021）アルペンスキー競技のトレーニングシステムについて-.メンタル領域における長期的アスリート育成について-. 体育研究, 55, 71-85.
Alpine Canada Alpin（2016）Drills and exercises-Technical Free Skiing and Gate Training, https://ltad.alpinecanada.org/uploads/documents/Drills_Exercises_Handbook_en.pdf（2024.6.2 閲覧）
US Ski & Snowboard（online）Skills Quest Skiing Assessment https://usskiandsnowboard.org/sport-programs/skillsquest（2024.6.2 閲覧）

子どもたちへの楽しく安全な
指導のために

子どもへの指導

スキー指導者は、子どもの身体の特徴や体温の変化、水分補給の重要性など、子ども特有のニーズを理解する必要があります。また、子どもの時期は、発育・発達が早い子どもと遅い子どもでは同じ年齢でも個人差が大きいことを、指導者は念頭に置かなければいけません。一人ひとりの様子をよく観察しながら講習を進める必要があります。

(1)子どもの身体的特徴
①子どもの頭部の特徴

子どもの頭部の大きさは、乳児期には脳の発達に伴って急速に増大し、2歳時までは胸囲とほぼ同じ大きさで発育します。これは頭部が身体全体に対して大きく、しかも重いことを示しています。この特徴は、平衡機能、反射機能の未発達なことや、全身の筋力が相対的に弱いことが相乗して転倒しやすい要因となっています。

子どもの頭蓋骨は薄く柔軟で弾力性に富み、成人のように内板と外板が明確になるのは2～3歳頃です。乳幼児の頭蓋骨は弾力に富んでいるものの、比較的小さな外力によって陥没しやすく、しかも割れやすいです。頭蓋骨の縫合の結合が強靱となり、骨の硬度も増して、頭蓋骨の構成が成人に近い状態に発達する10歳頃までは、頭蓋骨そのものも骨縫合の結合も、外力に対する防御力が弱い状態です。

転倒しやすく、外力に弱い子どもの頭部を守るためにも、ヘルメットの着用を強く推奨します。

②子どもの体温は下がりやすい

子どもの体は、熱を生産する筋肉量が大人よりも少ないため、子どもの体温は大人よりも下がりやすい傾向にあります。講習前に、受講する子どもたちの衣類を点検し、寒くはないか、本人にも確認して講習を開始しましょう。

湿った雪や雨などでウェアが濡れると、体温を奪われやすくなります。また、極端に低温な日なども注意が必要です。受講している子どもたちが低体温症になってしまわないように、そのような日は小まめに温かい室内で休憩をとることも必要です。

極端に気温の低い状況では、凍傷にも注意が必要です。特に標高が高いと末梢循環血量が低下するために凍傷に罹患しやすくなります。また、極寒下では熱の良導体である金属メタルに肌が触れて瞬時に発症することがあります。水や汗で湿った手袋や靴下などの着用は避けること、金属に直接肌で触れないことに留意してください。

[低体温症の初期症状]

歯がガタガタ鳴り出す・震え出す・手足の動きが鈍くなる。

【参考資料】宮下充正ほか（1987）子どものスポーツ医学. 南江堂. 東京.

③子どもの発汗
スキー講習中の水分補給の重要性

子どもたちの体温調節能力は発達途上にあり、年齢差や個人差が大きいです。子どもたちは、暑いときには大量の汗をかきます。子どもの体の汗腺の数は、大人と変わりません。体の大きさ（体表面積）で考えると、相対的に大人よりも汗をかきやすいといえます。春の晴天日の気温が高い日など、冬用のウェア、下着などを重ね着している子どもは、ウェアの中で多くの汗をかいている可能性があります。滑る練習をしているときに汗をかいたあとに、リフト等で活動量が下がると、体温を奪う状況がそろってしまいます。

子どもたちの衣類はレイヤリング（脱ぎ着しやすい重ね着）を基本として、暑ければ脱ぐ、脱ぎにくい状況の際は衣類の中に風を通す等の工夫をして、体温調節を衣類によって行なうようにします。それでも多くの汗をかいて衣類が濡れたら、早めに着替える等の対応をしましょう。

汗をかくということは、体内の水分を消費していることになります。春などの温かい時期の講習では、子どもたちに水分補給を促してください。

④子どもの視野（チャイルドビジョン）

子どもの視野は広くありません。大人の視野が水平方向に150度に対して、幼児期の視野は、水平方向に90〜120度、垂直方向は大人が120度に対して、幼児期は70〜90度と言われています。要因は、子どもの目の高さは大人よりも低く視界が限られてしまうこと、子どもは一つのものに注意が向くと、周りのものが目に入らなくなること、物事を単純にしか理解できず、またその時々の気分によって行動が変わること、大人がそばにいると、それに頼る気持ちが強くなることなどが挙げられます。そのため、大人よりも他者の接近に気づくタイミングが遅くなる傾向にあります。子どもは大人よりも他者に接近しやすいため、移動しながら行なうスノースポーツでは、衝突を避ける声がけを多くする必要があります。

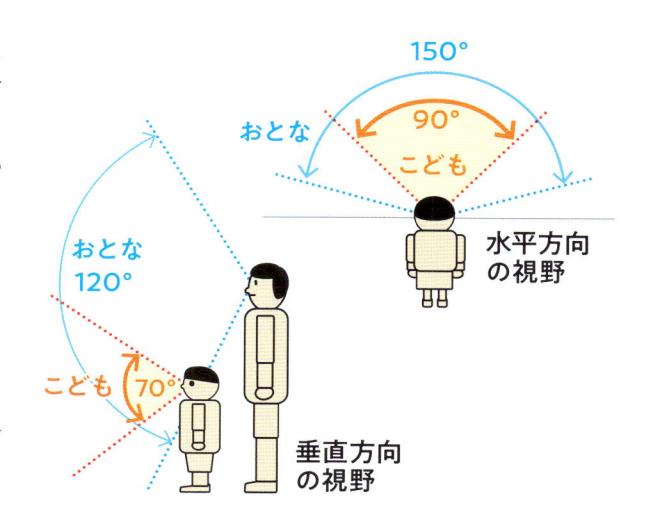

周りをよく見て滑ること、滑り出す前に、前後左右から他の人が滑ってこないか確認するといったことを積極的に伝えてください。周囲への意識を持ちにくい初歩の段階では、ネット等で区切られた環境で練習することも安全確保につながります。

【参考資料】ステイナ・サンデルス（1977）交通のなかのこども. 全日本交通安全協会. 東京.
東京都福祉局　https://www.fukushi.metro.tokyo.lg.jp/kodomo/shussan/nyuyoji/child_vision.html（2024年8月27日閲覧）

（2）子どもの発達段階の特性

運動を習得していくのは子どもたちです。指導者は、指導の内容や方法について考えるときに、子どもたちの発達や生活についてよく知る必要があります。

小学校入学前の幼児期は、運動全般の基本的な動きを身に付けやすい時期です。この時期には、子どもたちが楽しいと感じる「体を動かす遊び」を行なうことにより、さまざまな動きが獲得されるとともに、動きを繰り返すことによって、動き方が上手になる洗練化も図られていきます。

また、「小学生」としてひとくくりにされる6年間は、幼児から青年に成長していくために必要なあらゆる準備が、もっとも急速に、質的な充実を伴って発達する時期です。この時期の子どもたちは、成長に個人差が大きいことを考慮に加えながら、それぞれの発達段階の特性を理解して指導に生かしてください。

[体の使い方]

幼児期から低学年の頃は、小筋の運動制御より、全身的な運動制御が急激に発達します。

[疲労と休養]

幼児期から低学年の頃は、疲労と休養の調節はうまくできません。徐々に、身体の発達には運動と休養の必要なことを、高学年にかけて理解していきます。

[集中]

幼児期から低学年の頃は、有意注意はある程度持続できるようになります。徐々に有意注意の持続が長くなり、高学年にかけて、し始めたことに精神を集中することができるようになっていきます。

[自己信頼感]

中学年の頃から自己信頼感が生まれ、自尊心が芽ばえてきます。高学年の頃には自己信頼感が強まり、自尊心が強くなっていきます。

[危険認知]

幼児期から低学年の頃は、危険に気づかないで楽しむことに夢中になることが多いです。中学年の頃には、危険を冒して，スリルを楽しむ傾向が見られます。高学年の頃には、危険を予想して注意することができるようになっていきます。

[勝敗への意識]

幼児期から低学年は、勝敗にこだわるが早く忘れます。徐々に勝敗に関心を持つようになり、高学年の頃には勝敗に強い関心を持つようになっていきます。

[仲間との活動]

低学年の頃から、2～3人から4～5人の仲間と協力できるようになっていきます。中学年の頃には、仲間といっしょに行動するようになり，共通の目標に協力できるようになり、高学年の頃に他人と協力し，チームゲームを好むようになっていきます。

[気持ち・考え方]

就学前の頃は、自分自身以外の他の視点からの思考が不可能です。低学年の頃は、感情的・主観的傾向がまだ強いです。中学年の頃に、不安を克服する勇気が出てきて、高学年の頃には感情的傾向が安定し始め，怒りやおそれを抑制することができるようになっていきます。

【参考資料】
文部科学省「幼児期運動指針ガイドブック」平成24年
文部省「小学校学習指導要領 体育科編（試案）」昭和28年（1953）改訂版
ガラヒュー,デビット L. (1999) 幼少年期の体育―発達的視点からのアプローチ―. 杉原 隆（監訳).大修館書店. 東京.

（3）子どもの集中の持続期間

子どもが集中して何かに取り組める時間は、取り組むものの内容によっても変わってきますが、大人よりも短く、一般的には年齢＋1分から年齢×2～3分と言われています。また、楽しいものには長く集中でき、疲労により集中力は低下する傾向があります。

小学校の授業は大体45分間で行なわれており、その45分の中で、子どもたちは3つ程度の課題に取り組む経験をしていることから、スキー指導においても15分間程度で取り組める課題を、数種類組み合わせて行なうことで、集中した状態の継続を促し、効率的な講習を行なえるはずです。

疲労が溜まってくる時間帯には、集中力も下がるため、ケガや事故への注意をそれまで以上にする必要があります。

【参考資料】
山下富美代 (1988) 集中力. 講談社. 東京.
NORMAL ATTENTION SPAN EXPECTATIONS BY AGE Brain Balance Achievement Centers USA
https://www.brainbalancecenters.com/blog/normal-attention-span-expectations-by-age（2024年8月27日閲覧）

（4）子どもの「うまくいかない」に寄り添う指導者に

近年の教育現場で、大きな話題となっているものの一つに、「発達障害」があります。発達障害は「神経発達障害」というカテゴリーに含まれており、従来の知的障害や運動障害と同じカテゴリーですが、学校では通常学級に在籍して、他の子どもたちと同じように生活をしています。自閉症スペクトラム、注意欠陥／多動性障害、コミュニケーション障害、特異的学習障害（LD）など

が神経発達障害に含まれています。

「こころの情報サイト（国立研究開発法人国立精神・神経医療研究センター精神保健研究所 作成）」によると、発達障害は「脳の働き方の違いにより、物事のとらえかたや行動のパターンに違いがあり、そのために日常生活に支障のある状態」と記されています。この脳の働き方は基本的には生得的であり、脳の各部位や神経伝達回路がうまく機能していないことが言動に影響を及ぼしています。そのために、本人は一所懸命に学習や運動に取り組んでいるけれども、うまくいかないことが多く出てしまうという子どもが存在します。外見では分からないため、「障害のためにできない」のですが、指導者からは「不真面目でやらない」と判断されてしまうことも少なくありません。（発達障害についての詳細や、支援の仕方などは専門書をご一読ください。専門家でも、検査を用いないで障害の有無の判断をすることはしません。目の前にその傾向がみられる子どもがいても、安易に決めつけることはしないでください。）

文部科学省が2022年1月から2月に、全国の公立小学校の教師に行なった調査によると、「知的発達に遅れはないものの学習面又は行動面で著しい困難を示す」とされた児童の割合は、約10.4%（推定値）いることが分かりました。40人の学級であれば、4人以上が学習や行動がうまくいっていないことになります。それだけ多くの子どもたちが、学ぶこと、運動をすること、行動することに壁を感じているということです。

指導者の皆さんが、子どもに講習を行なっていく中で、指示がうまく伝わらない、伝わったはずなのにすぐに忘れてしまう、話を長く聞けない、止まって待っていることが難しいといった子どもたちに出会うことがあると思います。その子が不真面目なのではなく、まだその力がその子には備わっていない状態であるのかもしれません。楽しいはずのスノースポーツを行なってい

るわけですから、本来子どもたちはその練習に夢中になるはずです。そうではない状況が講習中に現れたら、目の前の学ぶことに困っている子どもに、それまで以上に寄り添ってみてください。その子に伝わる言葉を選び、その子のタイミングに合わせ、その子ができる運動を一緒に考えて、講習を組み立てていくことができたら、普段は学習や行動がうまくいかない子どもも、スノースポーツを楽しむことができるでしょう。集合講習の中でも、可能な限り、一人ひとりの個性や発達の様子に合わせた言葉かけをしていくことを心がけてください。

【参考資料】
金澤治（2010）LDとADHDの正しい理解と最新知識. 日東書院本社. 東京.
森則夫ほか（2014）臨床家のためのDSM-5虎の巻. 日本評論社. 東京.
文部科学省「通常の学級に在籍する特別な教育的支援を必要とする児童生徒に関する調査結果について」2022年

（5）子どもへの指導をするときに指導者が心掛けること

ここまでに述べたように、子どもたちには個人差が大きくあり、大人とは感覚や思考が大きく異なるところがあります。また、多くの子どもたちにとって、レジャーであるスノースポーツは、楽しく参加できることが、継続の意欲となり、生涯スポーツの入り口となり得るようになります。

子どもに対して指導をする際には、以下のことを心掛けてください。

- 参加者が安全に滑走できる技術を教える
- 参加者が安全に、楽しく滑走するための準備をサポートする
- 参加者が楽しく滑走するための技術を教える
- 参加者がスノースポーツを継続する意欲を高める
- 参加者が自ら考え、課題を解決できる能力を高める
- 参加者の目的の達成を支援する
- 参加者がスノースポーツ参加中もそれ以外の時でも幸せになるように導く

また、指導する対象が子どもの場合、子どもが理解できる指導が必要です。

［専門用語や外国語を分かりやすく言いかえる］

　子どもが難しい用語を理解できているか確かめながら、子どもの知的水準と興味にあった言葉に言い換えて指導しましょう。

［説明は簡潔に］

　説明が長くなってしまうと、子どもは混乱します。説明はポイントを的確に捉えて、箇条書き程度の手短なほうが効果的です。また、一度に指示するのは１点か２点、多くても３点ほどに留めましょう。

［手本を見せる］

　初めて取り入れるフォームなどを指導する場合は、子どもは全体の流れをイメージして再現しようとするため、まず十分に手本を見せてから細かい部分の指導をしましょう。

［問いかける］

　一方的に教えるばかりでなく、時には子どもに「どうしたらうまくいくか」「うまくいったのはどんなところか」「次の斜面ではどう滑るか」といったことを問いかけ、一緒に話し合うことで、先述した通り、子どもは自ら考え、課題を解決できるようになっていきます。

　スノースポーツは、大自然の中で、身につけた技術を生かして、身につけた技術を選択して組み合わせて、目の前に現れる困難な状況を克服するスポーツです。うまくいかないときには選択する技術を変えたり、スピードを調整したり、新しい技術を身につけたりして、困難に再挑戦することも可能なスポーツです。それらの経験を通して、子どもたちはスノースポーツの中だけに限らず、普段の生活でも、自ら考え、課題を解決し、成長を続けられる人になっていくことでしょう。そのような子どもたちを育てていくために、指導者は参加者に「また参加したい」と感じさせる指導をしていく必要があります。

　子どもたちの多くは、「スポーツが好きだし楽しいから」「友達と一緒に過ごしたいから」と回答しています（小学生のスポーツ活動に関する調査研究協力者会議　小学生のスポーツ活動に関する調査研究報告書P.13　1995）。

　指導者が勝敗に固執し、子どもが持つ「楽しさへの期待」に反する指導をしてしまうと、燃え尽き症候群を生じさせ、そのスポーツを長く続けることとは異なる結果になってしまいます。

　スポーツの原義は「気晴らし」「あそび」を意味しています。雪山に遊びにきた子どもたちが、大自然の中で思いきり遊び、「また雪山に遊びに来たい」と思って帰れるように、指導の流れに工夫を凝らしていきましょう。

【参考資料】
井形高明ほか（1997）新・子どものスポーツ医学. 南江堂. 東京.

（6）スキー指導と道徳性

　ゲレンデを滑るスキーヤーやスノーボーダーは、自分と同じ楽しみを持った人たちです。他のスキーヤー、スノーボーダーたちと共存、共生しながら、お互いに気持ち良く過ごせるようにしたいものです。講習の中で以下のような事柄にふれながら、相手のことを思う経験を通して、子どもたちの内面も育てる機会としていきましょう。

- ・周囲のスキーヤー、スノーボーダーの動きを考える
- ・十分に距離をとって滑ろう
- ・止まるときは、広いところで　人の近くで止まらない
- ・リフトで他の人の板を踏まない
- ・お互いが気持ち良く滑れるように譲り合って楽しもう

Part 3 スキーの歴史と用語解説

スキーの歩みと未来へ向けて

「あらゆるスポーツの中で、その王者の名に値するスポーツがあるとすれば、それはスキーをおいてほかにない。スキーほど筋肉を鍛え、身体をしなやかに弾力的にし、注意力を高め、巧緻性を身につけ、意志を強め、心身を爽快にするスポーツはほかにない。晴れ渡った冬の日にスキーをつけて森の中へ滑走してゆく……これにまさる健康なそして純粋なものが、ほかにあるだろうか。深々と雪におおわれた森や山のすばらしい自然にまさる清純高貴なものが、ほかにあるだろうか。樹木のある急斜面を飛鳥のように滑り下ることにまさる爽快新鮮な生気をかきたてるものが、ほかにあるだろうか。明澄な張りつめた冬の大気が、そしてタンネの小枝が頬をかすめ、われわれの目も頭脳もそして筋肉も、不意に行く手に立ち現れる未知の障害物をかわすために、極度に張りつめる。日常の生活はいっぺんに我々の頭から拭い去られて、都会の空気もろともはるか我々の後方へ遠のいてしまうかのようだ。我々とスキーとそして自然とは、いわば渾然として一つになってしまうのである。これはただ身体を鍛えるばかりでなく心をも高め育てるものであり、国民にとって、多くの人々が漠然と予感しているよりも、さらに深い意義をもっているのである。」

Fridtjof Nansen
フリチョフ・ナンセン（ノーベル平和賞受賞者）
『スキー讃歌』より抜粋

（1）スキーの始まり

1）スキーのルーツ

　歴史上最も古いスキーは、紀元前1万年から紀元前2500年頃に使われていたとされる道具のひとつで、北欧では紀元前の物と推測されるスキーが出土しています。なかでも1932年にノルウェー北部レイデイで発見された岩に刻まれたスキーヤーの画は、紀元前2500年頃のものとして有名です。

　北欧の神話や伝承にも、スキーの神がよく登場します。なかでも有名なのは、北欧スカンジナビアの丘陵地に住む人々の間で信仰されたスキーの神、ウル（男神）とスカディ（女神）。樺太、沿悔州のアイヌ民族が用いた"ストー（雪馬）"や朝鮮半島の山岳地帯で用いられた"ソルメ（雷馬）"なども、雪上を歩き、滑走する機能を持つスキーの原型と考えてよいでしょう。

　古代のスキーと思われるものの発見は、北欧をはじめシベリア、中国、朝鮮半島、樺太など広範囲に及んでいます。それらは現在のような2枚の板を身につける形ではなく、日本でいう"かんじき（泥上や雪上など不安定な地面を歩くための民具）"に似た形をしていて、積雪期の交通手段、あるいは狩人が獲物を追って雪の山野を移動する手段であったと推定されています。

　スキー発祥の国は諸説あり、ロシア、中国とされる説もありますが、北欧のノルウェーが発祥国であるという説が最も有力です。スキーという言葉も、ノルウェー語で

「薄い板」を意味する言葉からきています。

2）日本でのスキーの記録

　日本での古いスキーの記述は、1784年に曾江真澄が描いた『立ちソリ』、1808年に間宮林蔵が表わした『北蝦夷図説』の中にスキーを履いている原住民（樺太）の図があります。

（2）近代スキーの興隆と発展

1）スポーツとしてのスキーの興隆

　雪国では欠くことのできない交通用具であるとともに、冬の狩猟用、戦争用としてのスキーが、移動の速さや飛距離を競う近代スポーツとして登場するようになったのは、1870年代といわれています。

　1870年頃にノルウェーは、スキー部隊におけるスキー訓練の成果を競い合う競技を始めるようになりました。また、ノルウェー王室はスキー競技の勝者に賞を与え、こうしたことがきっかけとなり、スキーは一般庶民へ普及し、スキーを国技としたノルウェーをはじめ北欧全域に広がっていくことになったのです。

　1877年には、クリスチャニア（現オスロ）にスキークラブが結成され、2年後の1879年にはハスビーの丘でジャンプ大会が開催されました。これがスポーツ競技としての始まりといえるでしょう。この大会には、クリスチャニアの西方山岳地テレマーク地方から少年たちが参加。彼らの技法が注目されました。いわゆるテレマーク技術です。さらに1880年にはスキー学校、1883年にはスキー連盟が設立されるなどして、スポーツとしてのスキーの歴史がノルウェーを中心として歩みはじめました。以後、ジャンプ、クロスカントリーを主とするノルディックスキー競技が北欧を中心に発達していきます。

2）アルペンスキーの興隆

　ノルウェーに始まった近代スキーは、19世紀後半からヨーロッパ各国に広がっていきます。なかでも1888年、ノルウェーの極地科学者フリチョフ・ナンセン（1861-1930年）がスキーを用いてグリーンランド横断の快挙を成し遂げたことは、世界の人々の関心をスキーに向けさせる端緒となりました。

　一方、急峻な山岳地帯を控えたアルプス地方の国々も、それぞれの特色に応じたスキーの研究を行なっていました。なかでも、ナンセンの『グリーンランド横断記』（1891年出版）に強い刺激を受けたオーストリアのマチアス・ツダルスキー（1856-1940年）は、やや幅広い短めのスキー板と、エッジングを容易にするリリエンフェルト式バインディングを考案し、急峻なアルプスの山岳滑降に適応する一本杖の「山岳スキー滑降術」、またの名を「リリエンフェルト・スキー滑降術」を1896年に発表しました。この技術は、どんな斜面でも転ばず、軽快に、確実に滑り降りることを目的とした制動回転技術で、ツダルスキーによって山岳スキーは確立されたのです。

　その後、ツダルスキーの技術は広く受け入れられ、山岳スキーは急速にアルプス地方に広がっていきます。その一方で、それはテレマークやクリスチャニアの技術を主張するノルウェー派との間で論争を引き起こす結果にもなりました。しかし、この論争も20世紀に入ると、オーストリアの将校、ゲオルク・ビルゲリー（1873-1934年）が、ノルウェーのテレマークやクリスチャニアを中心とした技法とツダルスキー式スキー術両者の長所を取り入れ、二本杖でのシュテムによる回転技術を中心としたスキー技術を発表したことで一応決着。近代アルペンスキー技術の基礎が固められることとなりました。このホッケ姿勢を基本とし、二本杖を使ってのシュテム技術はアルプス山岳地方で急速に進歩し、スキー術の革命児ハンネス・シュナイダー（1890-1955年）へと受け継がれていきます。

　シュナイダーは、オーストリアのスチューベンに生まれ、稀代の天才児といわれた

スキーヤーです。実践的な研究を積み重ねて自ら国際競技会に出場し、輝かしい成績を残しました。

こうした実践に裏づけされた研究の成果をもとに、シュナイダーは山岳映画の巨匠アーノルド・ファンク博士とともに、1920年に映画『スキーの驚異』を完成させます。そして、その4年後には「アールベルク・バイブル」と称された同名の技術書『スキーの驚異』を出版。世界中のスキーファンを魅了しました。この映画と書物によって、「アールベルク・スキー術」は世界に広まったのです。

『スキーの驚異』は日本にも輸入され、たちまちのうちに大きな反響を呼ぶことになりました。「アールベルク・スキー術」は一躍、日本でもスキーヤーのバイブルとなったのです。

1930（昭和5）年に、映画と著書『スキーの驚異』で世界を席巻したシュナイダーが来日。在日1カ月、上映と講演、雪上での実技指導は当時、生の情報に乏しかった日本のスキーヤーに決定的な影響を及ぼしました。日本のスキーヤーは、アールベルク・スキー術がシュテム技術を核心とする技術体系であることを知り、ホッケ姿勢、プルークボーゲンの習得が目標になり、上級者はシュテム・クリスチャニア、パラレル・クリスチャニアの技術習得に注力。アールベルク・スキー術は、当時のスキー界を風靡しました。

3）日本の近代スキーの始まり

1911（明治44）年、オーストリア陸軍少佐であるテオドール・エドレル・フォン・レルヒ少佐（1869-1945年）という人物がスキー術の講習会を行なったのが、日本のスキーの歴史の始まりといわれています。豪雪地高田の第13師団に着任したレルヒ少佐は、師団命令により、軍人にアルペンスキー術を指導。日本で初めての本格的なスキー術の講習会が、1月12日から2カ月間、34回にわたって実施されたのです。

ツダルスキーの弟子であるレルヒ少佐が伝えた技術は、長い一本杖を用いた半制動滑降とボーゲンが特徴でした。第13師団は、軍だけでなく、広く民間への普及を図り、短期間に全国規模の基礎づくりに成功しました。

翌年の1912（明治45）年、北梅道旭川第7師団に昇任、着任したレルヒ中佐は、ここでもスキーの普及とその後の基礎をつくりました。また、約2年の滞在中、富士山をはじめいくつかのスキー登山を行ない、冬季登山にも大きな足跡を残しました。2003（平成15）年、（財）全日本スキー連盟は関係諸団体との協議によって、レルヒ少佐によって初めて日本で本格的なスキー講習が行なわれた1月12日を記念し、この日を「スキーの日」に制定しました。

4）競技スキーとアルペンスキー技術の革新

20世紀に入ると、技術の発展によってスキー用具の滑走技術が向上し、スキーはスポーツとして世界に認識されるようになります。

1921年、スイス・ローザンヌのオリンピック会議で、冬季オリンピックの開催が討議されました。そして、スキーの国際統合団体の結成を条件に1924年フランスのシャモニーで第1回大会を開催。スキージャンプ、クロスカントリースキー、ノルディック複合の3種目が、オリンピック競技として採用されました。

また、この大会の開催中に、国際スキー連盟（FIS）が誕生。全日本スキー連盟（SAJ）が創設されたのは、翌年の1925（大正14）年のことです。

その後、1936年の第4回ドイツ・ガルミッシュ・パルテンキルヘン大会において、

アルペン種目が冬季オリンピックの正式種目となりました。その翌年、日本でもアルペン種目が、全日本スキー選手権大会（伊吹山）で初めて正式種目として採用されています。

さて、1920年代以降、アルプス地方を中心にアルペンスキーの競技会が数多く開催されるようになって、アルペンスキー技術はいかに高速化するかに問題が集約されるようになりました。シュナイダー以後のスキー術は、高速を求める技術の探求ともいえます。

こうしたなかで、アールベルクスキー術のシュテム技法が高速に不利なことを感じ、新しい技法を模索していた人々がいました。主にオーストリア・チロル地方の人々で、「インスブルック派」と呼ばれた人たちです。1930年頃、アントン・ゼーロスは、シュテムを用いず、立ち上がり抜重とローテーションを回転の原動力とするパラレル技術を考案。「テンポ・パラレルシュプンク」を完成させました。

1932年頃から、これらの人々のコーチを受けたフランスは、大きく変身することになります。なかでも、エミール・アレは、ゼーロスの技術を徹底的に研究し、極端な前傾と強いローテーションによるパラレル回転技術を完成させ、自ら世界チャンピオンの実績を残しました。彼はその技術を、1938年に、『スキー・フランセ』（フランス・スキー術）として発表。フランスは、この技術をもって多くの名選手を生み、国際競技会で活躍しました。第二次世界大戦によって継続しての発展は一時途絶えましたが、戦後いち早く立ち上がり、競技会での活躍とともに組織力をもって一般スキーへの国際的な普及にも努めたのです。

（3）現代のスキー

1）外傾技術とローテーション技術

その後、アルペンスキーの技術は、ローテーションを否定する方向へ進むことにな

ります。フランスに招かれスキー学校で指導をしていたオーストリアのトニイ・ドウチアとクルト・ラインルは、身体をひねりこむローテーションを否定し、外向、外傾の技術を主張。1933年に『今日のスキー』を出版しました。

また、ミュンヘン大学のオイゲン・マティアス教授は、スキー傷害の観点からローテーションを使わない技術を模索した結果、サン・モリッツのスキー学校長ジョパニ・テスタとの共同研究により『自然なスキー』をまとめあげ、1936年に出版。日本では、1940年に『今日のスキー』が、1941年には『スキー・フランセ』がそれぞれ邦訳出版されました。ローテーション技術とこれを否定し外傾技術を主張する2つの技術論が、ほぼ時を同じくして日本に紹介されたわけです。

日本のスキー研究者、有識者の間では、「外傾技術」に共鳴する人たちが多く、戦後間もない1947（昭和22）年、外傾技術を骨子とした全日本スキー連盟のテキスト『一般スキー術』が出版されました。外傾技術が日本の主流となりましたが、ローテーションを主張する声も少なからずあり、1954（昭和29）年、ピエール・ギョーとアンリ・オレイエが来日、全国各地でフランス・スキー技術の指導を行なったことで、ローテーション技術と外傾技術をめぐる議論が活発化しました。

1951年、第1回国際スキー教育会議（略称インタースキー）が、オーストリアのツールスで開備されました。インタースキーは、スキーの技術、指導に関する研究や各国間で情報を交換する大会で、以後2年ごと、3年ごと、4年ごとと開催周期は変更されたものの、各国の技術、指導法の発表、討議、情報交換の場として今日まで継続して開催されています。

第1回開催国であるオーストリアは、第二次世界大戦の敗戦によって復興が遅れたものの、1950年頃から優れた選手が多く

台頭。これらの選手たちは、今までにない独自の技術を生み出していました。1955年、第3回インタースキーで、シュテファン・クルッケンハウザー教授は、オーストリアの伝統的なシュテム技術を改善し、新たなスキー技術「バインシュピール技術」を発表。同時に、『オーストリア・スキー教程』が発刊されました。

この新しいオーストリア・スキー術は、世界各国が注目するところとなり、フランスの提唱するローテーション技術との間に激しい論争が展開されました。そしてこの技術論争は、一般スキーヤーのスキー技術と指導法に対する関心を高め、スキーの普及に拍車をかけることになったのです。

2）バインシュピール技術と日本スキーの発展

1958（昭和33）年、オーストリア職業スキー教師連盟のルデイ・マットが来日。全国各地でオーストリアスキー技術を紹介・指導しました。当時の外傾技術は、バインシュピール（脚部の動き）、ゲーゲン・フェルヴィンデン（逆ひねり）、フェルゼンドレーシューブ（踵の押し出し）によって洗練され、リズミカルな動きに高められてヴェーデルンに結晶。滑るプルークは初心者の上達を早め、日本のスキーヤーとスキー指導者たちに大きな影響を与えました。来日直前に出版された『オーストリア・スキー教程』日本語版は、その理解を確実なものにし、以後、日本のスキー界はオーストリア・スキーに傾倒していくことになります。

1959（昭和34）年には、バインシュピール技術を根幹とした『SAJスキーテキスト』が発刊され、1960年代の技術動向の主流になりました。その後、1960（昭和35）年のマットの再来日をはじめ、ヨーロッパと日本における選手や指導者の交流も活発になり、日本の一般スキー指導者層のレベルも格段に向上していきます。

1963（昭和38）年、オーストリア国立スキー学校の総責任者であるクルッケンハウザー教授がデモンストレーター（フランツ・フルトナー他2名）とともに来日。各地で講演、上映、実地指導を行ないました。これによって、バインシュピール理論は日本のスキー界に深く根をおろすこととなりました。

各地の溝習会に先立ち、特別指導を受けて講習会のアシスタントを務めた日本の若い指導者たちにとって、この経験は計りしれない収穫となったと同時に、日本のスキー界の貴重な財産に。以後のデモンストレーター制度確立の礎ともなりました。

その2年後、1965（昭和40）年の第7回インタースキー（バドガシュタイン）に、日本は初めて10名の代表団（5名のデモンストレーター）を送り込みました。これらをきっかけに、世界のスキー先進国と伍してスキー大国としての道を歩み始めることになったのです。

3）世界のスキーはひとつ —— 技術論争の終焉

戦後、オーストリアとフランスが、それぞれの技術理論と指導法をもってその優位を競っていましたが、より高速を追求する競技の世界では、技術理論、指導体系の違いはあっても究極の目的は同じであり、次第に選手の滑りに共通の技術傾向が見られるようになってきました。それは一般スキーでも同様です。

そして1968年、アメリカのアスペンで行なわれた第8回インタースキーでは、従来のジャンプを使っての切りかえから、上体の上下動が少ないすばやい切りかえのターンが主流となりました。オーストリアの発表した開脚による指導法には、明らかにフランスが伝統的に用いてきた平踏みを経由する切りかえ操作が現われ、両国の歩み寄りの方向がうかがえました。まさにこの大会の標榜した「世界のスキーはひとつ」に向かって大きく前進したのです。

この大会を契機に、各国が同じ目的に向かって技術追求と指導法の開発に力を注ぐ

ようになりました。1971年の第9回インタースキー（ガルミッシュ・パルテンキルヘン）では、オーストリアのヴェーレンテクニック、フランスのアバルマン、西ドイツのシュロイダーテクニック、スイスのOKテクニック、日本の曲進系と、各国が開発し発表したターン技術は、名称にこそ違いはあれど、技術の内容は類似したものでした。いずれも、凹凸の多いピステの克服とスピードの追求という当時の世界的傾向を課題にして生み出された技法であり、“曲げまわし、伸ばしまわし”を技術的特徴とする共通性の多いものです。

こうした技術の新しい波を、確固たる理論構成に導く研究をしたのは、オーストリアのフランツ・ホピヒラーでした。1974年に『新オーストリア・スキー教程』が出版され、かつての大きな下肢の運動ではなく、ナチュラルなスタンス（自然体）での運動が主体で、運動はシンプルに機能的にという考え方がコンセプトです。

そのなかで彼が最も強く主張した主体理論はシュヴィンゲン技術で、スキーを回旋する技術として、プルークボーゲン、シュテムターン、パラレルウムシュタイゲン、パラレルターン、シェーレンウムシュタイゲンと系統づけて理論化しました。このホピヒラーの技術理論は、1991年オーストリア・サンアントンでの第14回インタースキーで発表され、世界に大きな影響を与えました。

1980年代になると、交互操作とステップ系の技術に関心が高まりました。1983（昭和58）年、イタリア・セストでの第12回インタースキーにおいて、日本は人間の基本行動であるバイベタリズムをターンの主なる運動とする独自の指導法を初めて世界に向けて提唱。これはオーストリアの“シュヴィンゲン”とともに注目を引くところとなり、1985年の国際スキー指導者連盟ウォカティ大会においてシュヴィンゲンとともに再度の発表要請に応えました。

一方、つねに高速を求める競技スキーでは、“ずらす技術から切り込みの技術”へと技術動向はつねに進化してきました。そして近年、用具の著しい進化によってカービングスキーが出現するに至り、一般スキーヤーでも容易にスピーディな滑走が楽しめるようになってきています。

1990年代になると、各スキーメーカーが開発したカービングスキーが次々と登場しました。従来型よりも全長が短く、サイドカーブは深く、きつい曲線となったことに伴い、ターン技術も大きく変化。カービングスキーの性能を活かしたカービングターンの研究が進んできました。かつてのバインシュピール的な技術要素は影をひそめ、新たなスキー技術論が研究され、オーストリアは2003年、第17回インタースキー（スイス・クラン・モンタナ）で、パラレルカービングターン技術としての成果を発表しました。

4）日本における競技スキーの興隆と発展

大日本体育協会による第1回全日本スキー選手権大会が、第1回冬季オリンピック大会の選考会を兼ねて小樽で開備されたのは、1923（大正12）年のことでした。その後、数多くの国内競技会が開催されました。

冬季オリンピックへの初参加は、1928（昭和3）年第2回のスイス・サンモリッツ大会で、7名の選手が参加しました。そして、1956年（昭和31年）第7回冬季オリンピック、イタリア・コルチナ・ダンペッツォ大会のスラロームで猪谷千春が2位に入賞し、日本初のスキーメダリストが誕生しました。また、日本で初めての開催となった1972年の第11回冬季オリンピック札幌大会の70m級ジャンプでは、笠谷幸生が優勝し、3位までを日本が独占するという快挙を成し遂げました。

その後、1992（平成4）年の第16回冬季オリンピック、フランス・アルベールビル大会のノルディック複合団体（荻原健司・河野孝典・三ヶ田礼一）と1994年（平成6年）

の第17回冬季オリンピック、ノルウェー・リレハンメル大会のノルディック複合団体（河野孝典・阿部雅司・荻原健司）で金メダルを獲得。1998（平成10）年に日本で開催された第18回冬季オリンピック長野大会では、ジャンプ・ラージヒルで船木和喜が優勝、ジャンプ団体（岡部孝信・斎藤浩哉・原田雅彦・船木和喜）でも金メダルに輝きました。またフリースタイル・モーグルでは里谷多英が優勝し、日本は史上最多8個のメダルを獲得したのです。

世界選手権、ワールドカップでも、ノルディックを中心に日本の活躍に目覚ましいものがありますが、なかでも特筆すべきは、ノルディック複合個人総合での荻原健司の活躍です。1993（平成5）年から1995（平成7）年にかけて、史上初となる3連覇の偉業を成し遂げました。荻原は1995（平成7）年の世界選手権大会でも、この種目で優勝し、当時のノルディック複合の王者として君臨しました。

アルペン種目では、1980年代以降、海和俊宏、岡部哲也、川端絵美、木村公宣、佐々木明らがワールドカップで上位入賞を果たしてきました。冬季オリンピックでは2006（平成18）年第20回冬季オリンピック、イタリア・トリノ大会で、メダルには届かなかったものの皆川賢太郎が4位、湯淺直樹が7位に入賞しました。

またフリースタイル・モーグル種目では、2008（平成20）年に上村愛子がワールドカップで種目別総合優勝、2024（令和6）年に同じく堀島行真が種目別総合優勝を達成しました。

2014年ロシア・ソチで行なわれた第22回冬季オリンピックでは、フィギュアスケート男子シングルの羽生結弦が金メダルに輝き、ジャンプ男子ラージヒル個人で葛西紀明、ノルディック複合ノーマルヒル個人で渡部暁斗、スノーボード男子ハーフパイプで平野歩夢、女子パラレル大回転で竹内智香の4名が銀メダル、ジャンプ男子ラー

ジヒル団体で清水礼留飛、竹内択、伊東大貴、葛西紀明、フリースタイル女子ハーフパイプで小野塚彩那、スノーボード男子ハーフパイプで平岡卓が銅メダルを獲得しました。日本選手団は、計8個のメダルを獲得。8位入賞者も20名を数えました。

第23回冬季オリンピック、韓国・平昌大会では、ノルディック複合ノーマルヒル個人で渡部暁斗、スノーボード・ハーフパイプで平野歩夢が銀メダルを獲得。ジャンプ女子ノーマルヒルで髙梨沙羅、フリースタイル・モーグルで原大智が銅メダルを獲得しました。

第24回冬季オリンピック、中国・北京大会では、ジャンプ男子ノーマルヒルで小林陵侑が金メダル、スノーボードハーフパイプで平野歩夢が金メダルに輝き、ジャンプ男子ラージヒルで小林陵侑が銀メダル、コンバインドで渡部暁斗が銅メダル、コンバインド団体（渡部善斗、永井秀昭、渡部暁斗、山本涼太）で銅メダル、フリースタイルモーグルで堀島行真が銅メダル、スノーボードハーフパイプで冨田せなが銅メダル、スノーボードビッグエアで村瀬心椛が銅メダルで、過去最高となる8個のメダルを獲得しました。

5）社会の変化とスキーの多様化

今日、情報化社会と国際化の進展によって、世界のスキーヤーはほとんど同時に技術情報を知ることができ、各国の技術動向は統一化されてきました。また、一般大衆がスキーに求めるものも大きく変化してきて、スノーボード、ショートスキーなどのファンスキー、野山を滑走する自然派指向によるテレマーク、さらには自然を散策する歩くスキーの普及など、スキーの楽しみ方が多様化し、生活文化としてのスキーの位置づけが確立されてきたといっていいでしょう。

インタースキーも、ひとつの技術に偏重することなく、目的志向や状況・条件に適応する技術や指導法が世界的に幅広く研究

されるようになりました。技術論中心の発表は影をひそめ、指導法の比較や楽しさをアピールするスキースポーツ本来のあり方に変化。そうした過渡期のなかで、日本は1979（昭和54）年にアジアで初めてのインタースキー（第11回蔵王大会）を開催し、名実ともにスキー大国としての責任を果たしました。

長寿国である日本は中高年スキーヤーも多く、1990年代になると中高年を対象とした指導法をはじめ、志向別、対象別の指導法の研究も盛んになります。1995（平成7）年第15回インタースキー野沢温泉大会では、幅広いスキー活動のシーンを紹介。日本は、2度にわたるインタースキーの開催で、世界におけるスキーのリーダーの一員としてその役割を果たすに至ったのです。

6) 普及、振興の主要課題～指導者の育成～

一般スキーの普及と興隆は、指導者の育成と認定制度に負うところが大きく、各国とも組織的に力を注いできました。

日本は、1939（昭和14）年、財団法人全日本スキー連盟と文部省との共催で第1回指導員検定講習会が山形県五色温泉で開催されて以来、指導員検定会を毎年開催して多くの公認指導員を育成してきました。文部省は、社会体育振興の上で指導者の確保を重点施策とし、1987（昭和62）年に［社会体育指導者の知識・技能審査事業の認定に関する規程］を告示。指導員育成に着手しました。

この制度は、2000（平成12）年「財団法人日本体育協会スポーツ指導者制度」に変更されました。（財）全日本スキー連盟は、この告示に基づいて認定法人となり、指導者育成に着手。従来からの全日本スキー連盟公認スキー指導者と「（財）日本体育協会公認スポーツ指導者制度によるスキー指導員・スキー教師（上級指導員、上級教師）」の2つの指導者認定により、社会の要請に応えることになりました。

7) 指導理念の変化～新たな指導者の役割～

熟成社会にあって人々の価値観は、物から心の充実を求める方向へと変化してきています。21世紀を迎えるにあたって、スキースポーツも環境、用具、参加スタイルの変貌が予測され、世界中のスキー組織が指導活動を取り巻く環様変化への対応を大きな課題として活動しています。

2003（平成15）年スイス・クラン・モンタナでの第17回インタースキー大会のテーマは「スノースポーツの未来」でした。インタースキーのテーマが「スキースポーツ」という表現から「スノースポーツ」に変わったとおり、スノースポーツ全般の活性化をめざす活動が必要といえます。

このスノースポーツの未来というタイトルは、その活動の方向性を示すもので、指導者には「スキーの専門家」というスタンスから、スノースポーツとしての幅広いジャンルへの発展の道筋を考え、そして具体的にアプローチする行動の実践に期待が寄せられています。日本の発表は、「場」「物」「人」の変化という観点から、求められる指導者像と指導活動のあり方について提案を行ないました。

日本のスキー界にとっても、インタースキーにおける潮流は、情報収集の時代から情報交換の時代へと推移し、情報を発信すべき時代になっているといえるでしょう。指導者には、環境変化の観点の中に「情報化への対応」を加えて「発信」できる指導者としての意識改革、実地の指導の形態や内容の研究が期待されるようになりました。具体的には、指導者の役割として、単なる技術の伝達者ではなく、指導の本質である

楽しさ、面白さ、喜び、価値といった究極の目的を意識して指導活動の全体を構成し、演出できる能力が求められています。技術を手段として究極の楽しさを味わえるところまでスキーヤーを導いていくことになります。

8) スポーツの必要性と社会的背景

私たちの社会は急速に変化しています。こうした変化は、高度情報化社会において私たちの暮らしにさまざまなひずみをもたらし、個人面では運動不足と精神的ストレスが健康を阻害し、生きがいの喪失が問題になっており、社会面では心の通い合う人間関係が少なくなってきています。

こうした変化の中で、身体を動かし、考え、遊び、仲間と交流する人間本来の自然な姿に帰り、個人の健康や生きがい、心の豊かさが実感できる生活を求める傾向が高まっています。スポーツは、これらの要求に応えられる活動であり、健康と心の豊かさを取り戻し、生活を魅力あるものにしてくれます。

欧米では、スポーツを理解し、「豊かな人間作り」を基調としたスポーツ・ヨーロッパ会議の"みんなのスポーツ憲章"(1975年)や、イギリスのスポーツカウンシルにおける"スポーツ・フォー・オール運動"などがあります。わが国では、「国民の身心の健全な発達と明るく豊かな国民生活の形成」を目的とした"スポーツ振興法"(1961年)によってスポーツ振興に関する施策の基本が示され、施策が進められてきました。

9) 21世紀型スキルをつなぐ指導者に

ＡＩや５Ｇといった技術革新やグローバル化が進み、私たちの生活には日々変化が起きています。時代の変化とともに、これまで当たり前だったアナログ機械からデジタル化へと進み、新しい物が次々と登場。現代の子どもたちが将来活躍し続けるために必要とされている「21世紀型スキル」を、スキーを通じてどうつないでいくべきかが問われています。

なかでも、思考力やコミュニケーション能力、社会生活を営む技術に分類されるスキルは一朝一夕で身につかないため、子どものうちから鍛えておくことが大切です。また、そのスキルは子どもだけで伸ばすことがむずかしく、家族など周囲のサポートが必要になります。これからの指導者には、そうした役割も期待されているのです。

【参考文献】

玉川学園教育研究所	「シュナイダーとアールベルグスキー術」	1930年
坂部護郎	「雪の王者 シュナイダーは語る」	1930年
全日本スキー連盟1965版	「全日本スキー連盟スキー教程」平凡社	1965年
全日本スキー連盟1969版	「SAJスキー教程」スキージャーナル株式会社	1969年
全日本スキー連盟1971版	「SAJスキー教程」スキージャーナル株式会社	1971年
高田典衛	「授業としての体育」明治図書	1972年
福岡孝行	「日墺スキー65年史」日墺スキー65周年記念事業出版	1976年
福岡孝行	「日本のスキー発達史」「日墺スキー65年史」の抜粋	1976年
高橋藤樹	「雪中用具の発達」新体育Vol.49　No.9	1979年
佐藤 隆	「雪中交通具としてのスキー」新体育Vol.49　No.9	1979年
福岡孝行・福岡孝純	「新版スキー」ベースボール・マガジン社	1984年
財団法人全日本スキー連盟	1986版「日本スキー教程」スキージャーナル株式会社	1986年
財団法人日本体育協会	C級スポーツ指導員教本	1990年
財団法人日本体育協会	B級スポーツ指導員教本	1990年
財団法人全日本スキー連盟	「日本スキー指導教本」スキージャーナル株式会社	1993年
財団法人日本レクリエーション協会	レクリエーション・コーディネーター	1994年
財団法人全日本スキー連盟	「日本スキー教程」スキージャーナル株式会社	1994年
財団法人全日本スキー連盟1994版	「日本スキー教程」スキージャーナル株式会社	1994年
財団法人全日本スキー連盟2000版	「日本スキー教程・指導理論編」スキージャーナル株式会社	2000年
財団法人全日本スキー連盟	「日本スキー教程　指導理論編」スキージャーナル株式会社	2001年
財団法人全日本スキー連盟	「日本スキー教程　技術と指導」スキージャーナル株式会社	2003年
財団法人全日本スキー連盟	「安全へのシュプール」スキージャーナル株式会社	2004年
カール・ウイルヘルム・アムンセン（字良島多浪）	ノルウェースキーはかくして始まった（雑誌）	

スキー年表

年代	世界	日本	主な出来事
BC2500年頃	●古代の原始的なスキーとして考案され、北欧やアルタイ地方において実用化されていたと推定される		
1740年	●ノルウェーの軍隊に、スキー隊が編成される		
1860年	●ノルウェー王室が、スキーの勝者に賞を与えたことから、国家的スポーツとなる		
1867年	●スキーがノルウェーの国技となる		
1868年			明治維新
1877年	●クリスチャニア（現オスロ）に初めてスキークラブが結成される		
1879年	●オスロのハスビーヒルにおいて、第1回ジャンプ大会が開催される。テレマーク技術が公開された		
1870〜80年	●ノルウェー南部テレマークのソンドレ・ノールハイムが「くびれ型スキー」を設計。テレマークスキーと呼ばれ、現在のスキーの原型となる		
1880年	●クリスチャニア（現オスロ）に、スキー学校が設立される		
1883年	●ノルウェースキー連盟創設		
1889年	●フリチョフ・ナンセン（ノルウェー）がスキーでグリーンランドを横断		
1893年	●フリッツ・フィットフェルトがバインディングを考案		
1894年			日清戦争
1896年	●マチアス・ツダルスキー（オーストリア）が「リリエンフェルトスキー術」を公表、ツダルスキー式締め具を案出する。ノルウェー式の長いスキーを短くし、滑走面の溝を廃して両杖を単杖に改良した		
1901年	●ツダルスキー・スキー学校創立		
1904年		●野村治三郎（丙森）がノルウェーからスキー2台を取り寄せて試乗する	
1905年	●オーストリアスキー連盟が発足。ツダルスキーが初めて旗門を使用して大回転競技「ムッケンコーゲル大会」を開催。これがアルペンスキーの原点とされている		
1907年	●フランスのボアロンでウッドスキーの生産が開始される		
1908年		●ハンス・コラー（スイス）が北海道大学予科に赴任し、両杖式のスキー1台を持参する。これを見本として、日本で初めてのスキーが作られる	
1909年		●ノルウェー国王ホーコン7世から、青森第5連隊200名が八甲田山中で遭難凍死した大惨事（明治35年1月）の見舞いとしてスキー2台が贈られる ●英国大使館付武官デロメラー・クリーフ大尉が、北海道の月寒で滑ったと伝えられている	
1910年	●オーストリアの将校ゲオルグ・ビルゲリーが「山岳スキー術」を発表し、リリエンフェルトスキー術とノルウェースキー術を折衷する。滑走面に溝を採用、単杖を廃して両杖を採用。回転技術では、ノルウェー派のクリスチャニアを取り入れた	●東京高等師範教授の永井道明がスウェーデンからスキーを持ち帰り、秋田の講習会で試乗する ●スウェーデンの杉村公使から、2台のスキーが贈られる	
1911年	●カンダハー・スキークラブによる初の滑降レース「ロバート・オブ・カンダハー・スキー大会」開催	●オーストリアのテオドール・フォン・レルヒ少佐が来日、新潟県高田を訪れ、スキー専修員（青年将校10名）に教授する一本杖、ボーゲン ●2月、高田に国内初のスキークラブ設立 ●高田南西の旭山コースで初めての滑降競技が行なわれる ●大日本体育協会設立	
1912年		●高田で日本初のスキー競技会が開かれる。記録に残っている国内最初の競技会	大正年号となる
1916年		●北海道大学教授の遠藤吉三郎が欧州留学から帰国し、ノルウェースキーを持参する（両杖を使ったもの）	
1918年			第一次世界大戦終結
1920年	●アーノルド・ファンク（ドイツ）とハンネス・シュナイダー（オーストリア）が協力して映画「スキーの驚異」を制作		
1922年	●スイスのミューレンで「アルペン・スキースラローム大会」という初の回転競技が試みられる。その際、アーノルド・ランによって初めて旗門が採用される	●大日本体育協会内にスキー部会が設けられる ●「スキーの驚異」日本初公開	

年代	世界	日本	主な出来事
1923年		●第1回全日本選手権大会が北海道小樽で開催される	関東大震災
1924年	●第1回冬季オリンピックがシャモニー（フランス）で開催され、17カ国が参加する ●FIS（国際スキー連盟）誕生 ●ハンネス・シュナイダーが「スキーの驚異」（アールベルグバイブル）を出版	●第2回全日本選手権大会が新潟県高田で開催され、以降毎年行なわれる	
1925年		●SAJ（全日本スキー連盟）創設（2月）、大日本体育協会に加盟 ●初代SAJ会長に稲田昌植が就任	
1926年		●SAJがFIS（国際スキー連盟）に加盟。16カ国目	昭和年号となる
1927年	●オーストリア・スキー教師国家試験制度制定		
1928年	●アーノルド・ラン（英国）が、ハンネス・シュナイダーと協力して「アールベルク・カンダハー競技」を開催する ●ルドルフ・レットナー（オーストリア）によってスチールエッジが考案される ●第2回冬季オリンピック・サンモリッツ（スイス）大会開催。25カ国494名が参加	●第1回全日本学生スキー選手権大会が青森県大鰐で開催される ●第4回明治神宮体育大会にスキー競技会が加えられ、新潟県高田で開催される ●第2回冬季オリンピックに7名が初参加	
1929年		オラウフ・ヘルセット中尉一行が来日。大倉シャンツェなどを設計	
1930年	●旗門に赤、青、黄の3色使用を決める ●アントン・ゼーロス（オーストリア）によってテンポパラレルシュブンクが完成	●ハンネス・シュナイダーが来日。アールベルクスキー術がスキー界を風靡する ●「フランス・スキー研究班」を作り、渡仏させる	
1931年	●FISにより、スイス・ミューレンで国際競技会（現在の世界選手権大会）が開催される（アルペン）		満州事変
1932年	●第3回冬季オリンピック・レークプラシッド（アメリカ）大会開催		
1936年	●第4回冬季オリンピック・ガルミッシュ＝パルテンキルヘン（ドイツ）大会開催。28カ国、755名が参加する。アルペン競技が正式種目となる	●第4回冬季オリンピックに15名が参加する。伊黒正次、ジャンプ7位 ●第5回冬季オリンピックに札幌が立候補	
1937年	●IOC、ワルソー総会で第5回冬季大会が札幌に決定されたがアマチュア資格問題により、IOCとFISが対立しスキー競技が冬季大会から除外される	●全日本スキー選手権大会アルペン種目が伊吹山で開催される ●第5回冬季オリンピック札幌開催決定	
1938年	●エミール・アレ（フランス）が「スキーフランセ」（フランス・スキー術）を発表する	●日華事変勃発のため、第5回冬季オリンピック札幌大会 および第12回オリンピック東京大会ともに返上する ●世界選手権大会ジャンプ競技に初参加（フィンランド・ラハティ） ★「一般スキー術要領」発刊	
1939年	●ハンネス・シュナイダーがノースコンウェイにスキー学校を設立。アメリカのスキーの新しい発展の力となる	●技術賞検定（1・2級）制定 ●第1回指導員検定講習会が山形県五色で開催され、11名の指導員が誕生する ●福岡孝行により「今日のスキー」邦訳出版 ★「スキーフランセ」が邦訳出版	第2次世界大戦勃発
1941年		●特別指導員制度制定 ●戦時下、全日本スキー連盟はスキー部として大日本体育会に吸収される	
1942年		●全日本スキー連盟、大日本体育協会スキー部会となる	
1945年		●2代目SAJ会長に小島三郎が就任 ●全日本スキー連盟が復活	第2次世界大戦終結
1946年	●国際スキー連盟、戦後初の総会開催。18カ国が参集	●第1回地方競技会が、札幌（420名）、山形県蔵王（70名）で開催される	日本国憲法公布
1947年		●指導員検定講習、技術賞検定制度（1～3級）復活 ★「テキスト・一般スキー術」発刊。外傾技術を骨子	
1948年	●第5回冬季オリンピック・サンモリッツ（スイス）大会が開催される。28カ国、708名が参加。日本不参加	●第3回国民体育大会冬季スキー大会兼第26回全日本選手権大会が長野県野沢温泉村で開催される	
1950年		★「基礎スキー教科書」発刊。用具と服装、スキー術練習法など	朝鮮戦争勃発
1951年	●第1回インタースキーがツールス（オーストリア）で開催される。参加9カ国。初めての会議。ローテーション技術	●日本、国際スキー連盟（FIS）に復帰	
1952年	●第6回冬季オリンピック・オスロ（ノルウェー）大会開催。30カ国、732名が参加する。アルペン複合が廃止され、大回転が加えられる。女子距離競技が新設される	●指導員研修会制度制定 ●技術賞検定改定（1～5級） ●全日本スキー選手権大会と国民体育大会スキー競技会が分離される ●第1回高等学校スキー選手権大会が群馬県水上で開催される ★「一般スキーテキスト」発刊。基礎回転からボーゲン・クリスチャニアへの道	

年代	世界	日本	主な出来事
1953年	●第2回インタースキーがダボス（スイス）で開催される。参加10カ国。スキー国際研究委員会発足。技術の大論争		英国ヒラリー隊がエベレスト初登頂
1954年		●フランスからピエール・ギョーとアンリ・オレイエが来日し、全国10カ所で指導を行なう ●世界スキー選手権大会アルペン競技に戦後初めて参加 ●3代目SAJ会長に小川勝次が就任	
1955年	●第3回インタースキーがバルディゼール（フランス）で開催される。参加13カ国。オーストリアが「バインシュピール技術」とショートスキー指導法を発表。日本から片桐匡、橋本茂生を派遣する	★「一般スキーテキスト」「初心者のための滑降技術」発刊 V字形ブライト滑降および回転。ブライト・クリスチャニア	
1956年	●第7回冬季オリンピック・コルチナ・ダンペッツオ大会開催。トニー・ザイラー（オーストリア）がアルペンの三冠王となる ●日本から7名が参加。SLで猪谷千春が2位に入り、初のスキーメダリストになる		
1957年	●第4回インタースキーがストルリーン（スウェーデン）で開催される。参加14カ国	●第7回冬季オリンピックのアルペン三冠王トニー・ザイラーが来日	
1958年		●アールベルクスキー学校長 兼オーストリア職業教師連盟会長ルディー・マットを招待する ●SAJ傷害防止対策委員会を設置する ●世界スキー選手権 バドガシュタイン（オーストリア）大会で猪谷千春がSL3位 ●4代目SAJ会長に木原均が就任	
1959年	●第5回インタースキーがザコパネ（ポーランド）で開催される。参加16カ国。バインシュピール技術が広がる。ウェーデルン登場。ジャンプ系技術が中心	★「SAJスキーテキスト」発刊。バインシュピール技術を採用。ウェーデルンが登場	皇太子殿下（当時）ご成婚 映画「白銀は招くよ」公開
1960年	●第8回冬季オリンピック・スコーバレー（アメリカ）大会開催	●第8回冬季オリンピックに参加 ●ルディー・マットを招き、技術員研修会を実施する	
1961年		●スキー大学制度制定	
1962年	●第6回インタースキーがモンテボンドーネ（イタリア）で開催される。参加19カ国	●第6回インタースキーに視察員として柴田信一ほか3名を派遣	
1963年		●シュテファン・クルッケンハウザー教授（国際スキー教育会議議長、「オーストリアスキー教程」著者）がフランツ・フルトナーほか2名とともに来日する ●デモンストレーター候補第1次選考会が山形県蔵王で開催される	ケネディ米大統領暗殺
1964年	●第9回冬季オリンピック・インスブルック（オーストリア）大会開催。36カ国、1414名が参加する	●第9回冬季オリンピックに20名が参加する ●第1回SAJデモンストレーター選考会を兼ねて、第7回インタースキー派遣デモンストレーター選考会が開催され、18名のデモが誕生 ★「スキー教程」改訂	東京オリンピック開催
1965年	●第7回インタースキーがバドガシュタイン（オーストリア）で開催され、日本初参加。参加22カ国。5名の代表デモを含む10名が参加する		
1966年	●ローマIOC総会で1972年冬季オリンピック札幌開催が決定	★「スキー教程」改訂。内容加筆	
1967年	●アルペンスキー・ワールドカップ創設	●中川新、IASI理事となる ●シュテファン・クルッケンハウザー教授一行4名が来日し、特別研修会を実施する ●SAJ公認スキー学校制度制定	モントリオール・オリンピック開催
1968年	●第8回インタースキーがアスペン（アメリカ）で開催。参加18カ国、日本から代表デモ8名を含む30名参加 ●第10回冬季オリンピック・グルノーブル（フランス）大会開催。ジャン＝クロード・キリーがアルペン三冠王となる	●南波初太郎、IASI理事となる ●第10回冬季オリンピックに26名が参加する。日本女子初参加 ●5代目SAJ会長に東龍太郎が就任	
1969年		●伊藤義�郎、FIS理事になる ★「SAJスキー教程」発刊。開脚練習法（立ち開き）屈膝平踏み先落としが登場。これ以降、シュテムボーゲンを削除	アポロ11号月面着陸成功
1970年	●オーストリア文部省がサン・クリストフで「国際スキー教師講習会」を開催。「ヴェーレン・テクニック」を発表		大阪万博開催
1971年	●第9回インタースキーがガルミッシュ＝パルテンキルヘン（ドイツ）で開催される。参加21カ国。日本から50名参加。うち代表デモは9名 ●スキーフライング世界選手権がスタート	●天野誠一、IASI理事となる ●プレオリンピック大会開催（札幌） ★「SAJスキー教程」改訂。屈膝平踏み先落とし（曲進系）	

年代	世界	日本	主な出来事
1972年	●第11回冬季オリンピック・札幌大会がアジアで初めて開催される。70mジャンプで表彰台独占。1位笠谷幸生、2位金野昭次、3位青地清二	●シュテファン・クルッケンハウザー教授が3名の教師を連れて来日、特別研修会を実施する ●菅秀文、IASI理事となる ★「オーストリアスキー教程」(曲げてまわし―伸ばしてまわす)、日本語版が出版される	沖縄返還
1973年		●日本で最初のワールドカップ・苗場大会開催。柏木正義がSL10位 ●全日本スキー連盟、財団法人となる(5月24日) ★「日本スキー教程」発刊。谷開きからピボットターン	オイルショック発生
1975年	●第10回インタースキーがピソケタトリ(チェコスロバキア)で開催される。参加24カ国。第11回インタースキーの日本(蔵王)開催が決定される。日本から代表デモ10名含む80名が参加	●ワールドカップ・苗場大会開催 ●6代目SAJ会長に伴素彦が就任 ★「新オーストリアスキー教程」日本語版が出版される	
1976年	●第12回冬季オリンピック・インスブルック(オーストリア)大会が開催され、日本から23名参加	●オーストリアからフランツ・ホビヒラー教授一行11名が来日し、指導員特別研修会を実施する ●高鳥修、IASI理事となる	
1977年	●国際スキー指導者連盟(IVSI)アルタウスゼー大会開催	●ワールドカップ・富良野大会開催 ●ワールドカップ・キッツビューエル(オーストリア)大会で市村政美が日本人初のワールドカップ7位入賞	
1978年		●ワールドカップ・オーバーシュタウフェン(ドイツ)大会で海和俊宏がSL5位入賞	
1979年	●第11回インタースキーが山形県蔵王で開催される。1月28日～2月4日。参加23カ国	●国際スキーパトロール連盟(FIPS)に加盟 ●伊藤義郎、FIS副会長となる	
1980年	●第13回冬季オリンピック・レークプラシッド(アメリカ)大会開催。70m級ジャンプで2位八木弘和、4位秋元正博	●ワールドカップ・レングリース(ドイツ)大会で児玉修がSL5位 ●日本初のジャンプワールドカップが札幌で開催 ●第17回全日本基礎スキー選手権大会(大和ルスツ)、デモンストレーター選考会と分離 ★「日本スキー教程」発刊。交互操作とステップターン	
1981年	●国際スキー指導者連盟(IVSI)オーベルストドルフ(ドイツ)大会開催	★「日本スキー指導教本」「初級スキー教本」発刊	
1982年		●猪谷千春、IOC委員に就任 ★「日本スキー教程」一部改訂(写真差し替え)	
1983年	●第12回インタースキーがセスト(イタリア)で開催 参加25カ国、日本から13名のデモンストレーターが参加 オーストリアから「シュビンゲン技術」発表	●フランツ・ホビヒラー教授ほかが来日。特別講習会を開催	
1984年	●第14回冬季オリンピック・サラエボ(ユーゴスラビア)大会開催	●SAJ会長、伴素彦がオリンピック・オーダー銀賞受賞 ●FIS総会を長野県・車山高原で開催	
1985年	●国際スキー指導者連盟(IVSI)ウォカティ大会開催		
1986年	●第1回フリースタイル世界選手権大会開催	●7代目SAJ会長に堤義明が就任 ●全日本スキー技術選手権大会に改称 ●SAJ、定款の寄附行為を改正。「アマチュア」を削除 ★「日本スキー教程」全面改訂。ヴァリアブル・スキーイング	
1987年	●第13回インタースキー・バンフ(カナダ)で開催。参加25カ国。フランツ・ホビヒラー教授、インタースキー会長となる	●映画「私をスキーに連れてって」が公開されスキーブーム ★「日本スキー指導教本」改訂	国鉄が分割民営化
1988年	●第15回冬季オリンピック・カルガリー(カナダ)大会開催	●ワールドカップ・オップダール(ノルウェー)大会SLで岡部哲也が2位。日本人初の表彰台	
1989年		●堤義明がJOC委員長となる	平成年号となる
1990年		●国際スキー指導者連盟(IVSI)志賀高原大会開催 ●IVSI理事会、志賀高原で開催(ミニインタースキー)	
1991年	●第14回インタースキー、サンアントン(オーストリア)で開催 第15回インタースキー開催地は長野県野沢温泉村に決定 ●1998年長野冬季オリンピック開催を決定		湾岸戦争勃発
1992年	●第16回冬季オリンピック・アルベールビル(フランス)大会開催。コンバインド競技日本チーム(三ヶ田礼一、河野孝典、阿部雅司、荻原健司)が金メダル		
1993年		●大型屋内スキー場「ザウス」がオープン	
1994年	●第17回冬季オリンピック・リレハンメル(ノルウェー)大会開催。コンバインド団体金メダル(荻原健司、河野孝典、阿部雅司)		
1995年	●第15回インタースキー、長野県野沢温泉村で開催		阪神淡路大震災

年代	世界	日本	主な出来事
1996年	●第1回国際スキー技術選手権大会、長野県野沢温泉村で開催		
1998年	●第18回冬季オリンピック・長野大会開催。ジャンプ団体、女子モーグル里谷多英の金メダルなど、史上最多のメダル獲得	●ワールドカップ・ヴェイソナ（スイス）大会で木村公宣がSL3位、SL種目別総合5位入賞（日本人最高位）	
1999年	●第16回インタースキー、バイトストーレン（ノルウェー）で開催。日本からは41名が参加		
2002年	●第19回冬季オリンピック・ソルトレイクシティ（アメリカ）大会開催。77カ国、2531名が参加。日本からは109名が参加	●第19回冬季オリンピックで里谷多英が女子モーグルで銅メダルを獲得	
2003年	●第17回インタースキー、クラン・モンタナ（スイス）で開催。日本からは35名の参加	●8代目SAJ会長に伊藤義郎が就任	
2006年	●第20回冬季オリンピック・トリノ（イタリア）大会開催	●第20回冬季オリンピックで皆川賢太郎がSL4位入賞	
2007年	●第18回インタースキー、平昌（韓国）で開催。31カ国参加。日本からは50名の参加		
2008年	●上村愛子がフリースタイル・モーグルワールドカップ5連勝で日本モーグル界初の総合優勝		
2009年		★「日本スキー教程」技術編・自然で楽なスキーのすすめ発刊	
2010年	●第21回冬季オリンピック・バンクーバー（カナダ）大会開催	●9代目SAJ会長に鈴木洋一が就任	
2011年	●第19回インタースキー、サンアントン（オーストリア）で開催。日本からは38名の参加		東日本大震災
2014年	●第22回冬季オリンピック・ソチ（ロシア）大会開催。ジャンプ・ラージヒルで葛西紀明が銀メダル、スノーボード・ハーフパイプで平野歩夢が銀メダル、平岡卓が銅メダル、スノーボード・アルペンで竹内智香が銀メダル、コンバインドで渡部暁斗が銀メダル、ジャンプ団体で銅メダル（清水礼留飛、竹内拓、伊東大貴、葛西紀明）、スキー・ハーフパイプで小野塚彩那が銅メダルで、過去最高の7個のメダルを獲得	●公益財団法人全日本スキー連盟となる ★村里敏彰がFIS理事となる ★「新日本スキー教程」発刊。外スキー主体のスキー操作	
2015年	●第20回インタースキーがウシュアイア（アルゼンチン）で開催。日本からは23名が参加	●10代目SAJ会長に北野貴裕が就任	
2016年		●村里敏彰がFIS副会長になる	
2017年		●国際スノースポーツ指導者連盟（IVSI）総会を白馬で開催	
2018年	●第23回冬季オリンピック・平昌（韓国）大会開催。コンバインドで渡部暁斗が銀メダル、スノーボード・ハーフパイプで平野歩夢が銀メダル、ジャンプ女子ノーマルヒルで髙梨沙羅が銅メダル、フリースタイル・モーグルで原大智が銅メダルを獲得		
2019年	●第21回インタースキー、バンボロボ（ブルガリア）で開催。日本からは29名が参加		令和年号となる
2020年		●11代目SAJ会長に勝木紀昭が就任	
2021年			東京オリンピック開催
2022年	●第24回冬季オリンピック・北京（中国）大会開催。ジャンプ男子ノーマルヒルで小林陵侑が金メダル、スノーボード・ハーフパイプで平野歩夢が金メダル、ジャンプ男子ラージヒルで小林陵侑が銀メダル、コンバインドで渡部暁斗が銅メダル、コンバインド団体で銅メダル（渡部善斗、永井秀昭、渡部暁斗、山本涼太）、フリースタイル・モーグルで堀島行真が銅メダル、スノーボード・ハーフパイプで冨田せなが銅メダル、スノーボード・ビッグエアで村瀬心椛が銅メダルで過去最高の8個のメダルを獲得 ●FISが国際スキー連盟から国際スキー・スノーボード連盟へ名称変更		
2023年	●第22回インタースキー、レヴィ（フィンランド）で開催。日本からは33名が参加し、ワークショップで最優秀賞を受賞	●2022年時点の日本のスキー人口310万人、日本のスノーボード人口160万人（日本生産性本部「レジャー白書2022」より） ※「レジャー白書」の人口は、アンケート調査から推計した「1年に1回以上もの余暇をした人数」です。延べ人数ではありません。また、日本人を対象としているため、インバウンドは含まれません	
2024年	●モーグルの堀島行真がワールドカップ種目別総合優勝	★新「日本スキー教程」の発刊	能登半島地震

日本スキー教程の歩み

1963 (昭和38)年 スキー教程

オーストリアのスキー技術をベースに、
日本独自の研究を重ねた技術体系。
シュテムクリスチャニアを重視した技術の組み立てにより、
パラレルクリスチャニア、ウェーデルンへと展開。
（1965年、1969年に改訂）

1971 (昭和46)年 SAJスキー教程

長年のオーストリアのスキー技術の研究を経て、日本独自の技術体系を発表。
回転技術の発展段階として、「ステップ系」「曲進系」「ジャンプ系」を提唱。
同年、曲進系（屈膝平踏み先落とし技術）に特化した技術書
『曲進系技術の理解のために』を発刊。

1973 (昭和48)年 日本スキー教程

「日本スキー教程」に改称。
クリスチャニアやシュブングを「ターン」に統一。
革新的技術のみにかたよらず、一般大衆を意識した、
普遍的な性格を持つものに。
発展技術として、「ピボットターン」「ジャンプターン」「ステップターン」を提唱。
（1977年に改訂）

1980 (昭和55)年 日本スキー教程

技術書、指導書であると同時に、マナーやルール、障害防止などを盛り込んだ、
教養書としての性格を持つものへ。技術体系と指導展開の明確化を図る。
（1982年に改訂）

1986 (昭和61)年 日本スキー教程

「プェアリアブル・スキーイング」の提唱
（シチュエーションの変化に強い可変的な技術）。
切りかえにおける操作の形態として「シュテム」「パラレル」「シザーズ」の3つを提示。
交互操作による技術展開を解説。

1994 (平成6)年 日本スキー教程

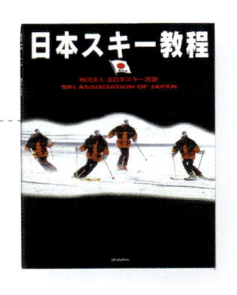

ターンの運動類型を、同調系（ベンディングターン、ストレッチングターン）と
交互系（ステッピングターン）に分類。
発展技術として「スーパーパラレルターン」を提唱。
同調操作による技術展開を解説。

1999 (平成11)年 日本スキー教程

カービングスキー主体の技術論を展開。
志向別指導（セイフティ、コンフォート、チャレンジ）、
および舵取りにおける3つのコントロール
（スキッディング、スキッディング＋カービング、カービング）を提唱。
（2000年「指導理論編」を発行）

2003 (平成15)年 日本スキー教程

舵取りにおける3つのコントロール
（トップコントロール、トップ＆テールコントロール、テールコントロール）を
中心とした技術の組み立てを提唱。
「外スキー主導」「内スキー主導」の考え方が登場。

2008 (平成20)年 日本スキー教程

「重さ」で滑る、「両脚」で滑る、「谷回り」で滑るをコンセプトに
「自然で楽なスキー」を提唱。
二軸運動意識、体幹主導の考え方に注目。

2014 (平成26)年 日本スキー教程

外スキー荷重を主体とする技術体系を構築。
プルーク、横滑りの展開、シュテム動作からなる
「三本の矢」による指導プログラムを展開。

スキー用語

【直滑降】 straight run（英）
フォールライン（最大傾斜線）に沿ってまっすぐ斜面を滑ること

【プルークスタンス】
pflug stance（独＋英） wedge stance（英）
スキーのトップを内側に向け、テールを外側に広げたスタンス

【プルークファーレン】
pflugfahren（独） snowplow（英）
スキーをプルークスタンスに開き、両スキーの内エッジを利用しながら除雪抵抗を得て、速度を制御し、方向を変えずに滑ること

【プルークボーゲン】
pflugbogen（独） wedge turn（英）
スキーをプルークスタンスに開き、除雪抵抗を得て、弧を描くように方向転換を行なうスキー技術

【シュテム動作】 stemming（英）
切りかえで外脚を伸展させる動きに合わせて次の外スキーを開き出す動作

【シュテムボーゲン】 stemm bogen（独）
スキーをプルークに開き出してターンを始動し、回転し終わったところで両スキーをそろえる技術

【シュテムターン】
stemm kristiania（独） stem turn（英）
シュテム動作で切りかえを行ない、回転が始まったら両スキーをそろえて回転する技術

【横滑り】 side slip（英）
スキーの迎え角の大きさを維持して横ズレを伴う滑り

【パラレルスタンス】
parallel stance（英）
両方のスキーを平行に位置させたスタンス

【パラレルターン】 parallel turn（英）
パラレルスタンスで回転する技術

【ベーシックパラレルターン】
basic parallel turn（英）
パラレルスタンスで行なう基本的なターン技術（基礎パラレルターン）

【ダイナミックパラレルターン】
dynamic parallel turn（英）
あらゆる状況に対応できる実践的なパラレルターン

【舵とり】 steering（英）
ターン中にスキーの方向を調整し、滑走のラインや速度をコントロールすること。弧を描いて進行方向を決めていくこと

【切りかえ】 switch（英）
ターン後半から次のターン前半でターン姿勢を入れかえる局面

【フォールライン】 fall line（英）
最大傾斜線。ボールが転がり落ちていくライン

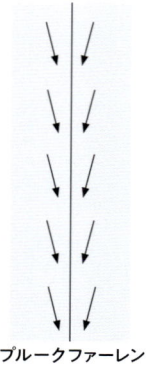

プルークファーレン

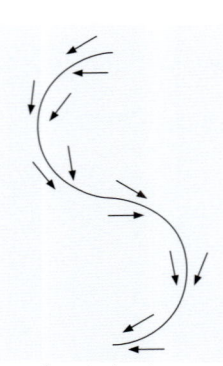

プルークボーゲン

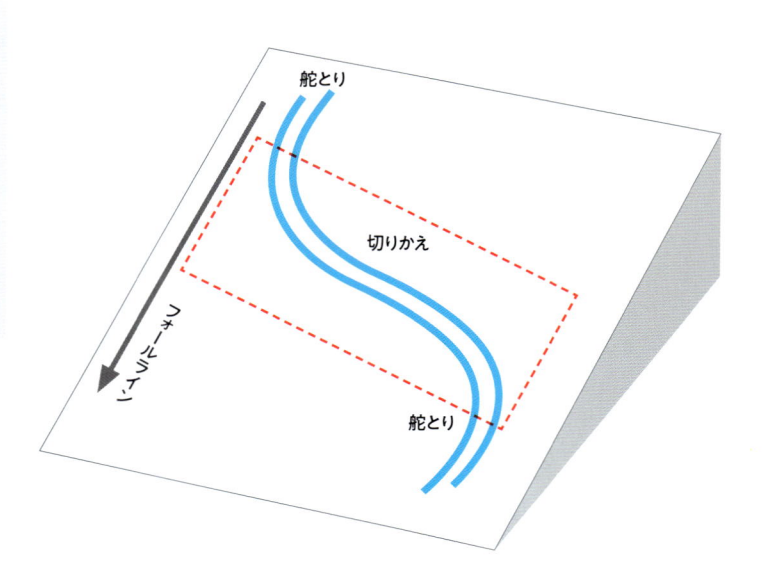

【外脚】 outside leg（英）
ターンをする際にターンの外側に位置する脚

【外スキー】 outside ski（英）
ターンの際に外側に位置するスキー

【内脚】 inside leg（英）
ターンをする際にターンの内側に位置する脚

【内スキー】 inside ski（英）
ターンの際に内側に位置するスキー

【股関節の内旋】
hip internal rotation（英）
大腿骨が股関節を中心に内側に回転する動作

【股関節の外旋】
hip external rotation（英）
大腿骨が股関節を中心に外側に回転する動作

【股関節の屈曲】
hip flexion（英）
股関節を動かして大腿骨が体幹に近づく動作

【股関節の外転】
hip abduction（英）
股関節を中心にして脚を身体の中心から外側
に開く動き

【股関節の内転】
hip adduction（英）
股関節を中心にして脚を身体の中央に引き寄
せる動き

【足関節】
ankle joint（英）
足首の関節

【足関節の背屈】
ankle dorsiflexion（英）
足の甲を脛の方向に引き上げる動き

【足関節の外反】
ankle eversion（英）
足関節を内側に傾ける動き。足の外側が雪面
から離れ、内側が雪面に近づく

【足関節の内反】
ankle inversion（英）
足関節を外側に傾ける動き。足の内側が雪面
から離れ、外側が雪面に近づく

外脚
内脚
内スキー
外スキー

股関節の
屈曲・内旋・外転
股関節の
屈曲・外旋・内転
足関節
の外反
足関節
の内反

【カービング】
carving（英）
スキーで雪面を強くとらえて、スピードと進行方向を制御すること。「速度を推進する」機能だけでなく、「速度を制御する」機能もある。スキーのカービング性能に大きく影響される。もともとの意味は雪面を彫り込むこと

【スキッディング】
skidding（英）
スキーの横ズレを伴う舵取りによって速度の制動を行なうこと

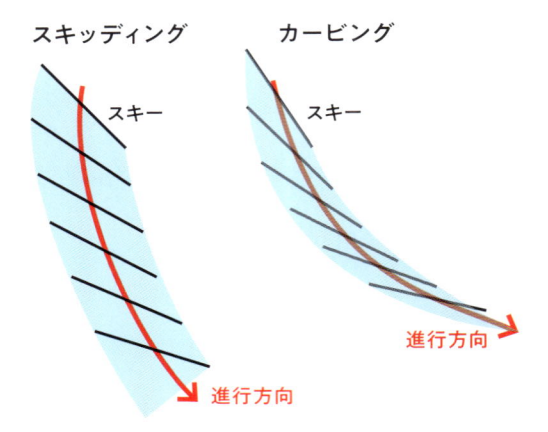

スキッディング　カービング
スキー　スキー
進行方向
進行方向

ヘルメット
トップ
エッジ
バインディング
テール
ストック

【トップ】 top（英）
スキーの先端部

【テール】 tail（英）
スキーの後端部

【エッジ】 edge（英）
スキーの滑走面の両端にある金属製の角

【バインディング】 binding（英）
スキーとスキーブーツを固定する道具。締め具

【ストック】 stock（独） pole（英）
スキーヤーが手に持ち、滑走時に使用する長い棒状の道具。バランスを取ったり、推進力を得るために使用する

【ヘルメット】 helmet（英）
頭部を保護するために設計された防具。内部は衝撃吸収素材で構成され、外部は耐久性のあるハードシェルで覆われている

【ポジショニング】
positioning（英）
滑走する際の基本姿勢

【センターポジション】
center position（英）
全身をリラックスさせた状態で、素直にスキーに体重を預けられるポジション

【荷重動作】 pressuring（英）
足関節、膝関節、股関節を連動させ、外スキーに体重を預け、切りかえでは外脚の伸展によってポジションを戻す一連の動作

【エッジング】 edging（英）
スキーを傾けて雪面にエッジを立てること

【迎え角】
angle of attack（英）
スキーが進行方向となす角度。横ズレの大きさを表す。特にスキッディング中に強く現れ、回転や制動のために雪面から抵抗を受ける。本来は流体中の物体が、流れに対してどれだけ傾いているかという角度

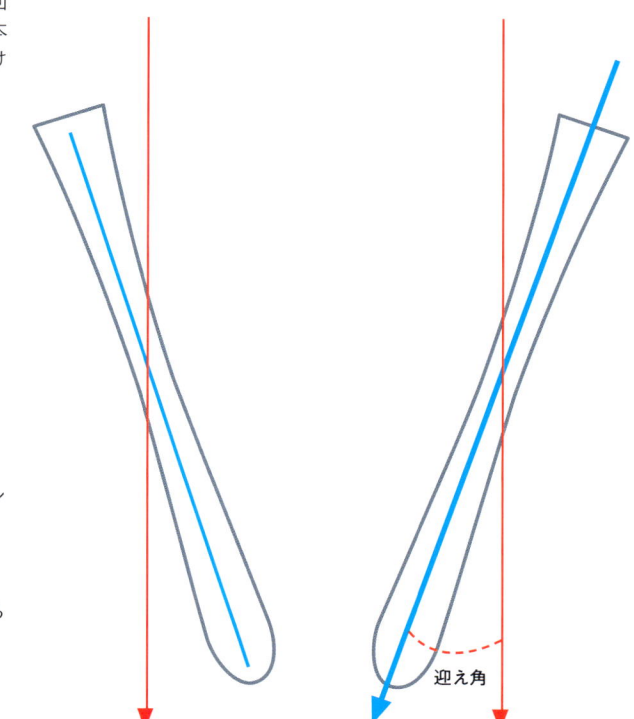

迎え角

【外向】
counter position（英）
スキーの迎え角によって現れる、上体がターン外側に向いた姿勢

【外傾】 angulation（英）
下肢の傾きに対して上体のバランスを保持する姿勢

【外向傾姿勢】
counter position and angulation（英）
外向と外傾を合わせた姿勢

【ストレッチング】 stretching（英）
伸展運動

【スケーティング】
skating（英）
スケートを滑るように片足ずつ交互に蹴り出しながら前進する方法

【ワイドスタンス】 wide stance（英）
両脚を肩幅よりも広く開いたスタンス

【コブの凸】
the exit of the trough（英）
コブの滑走ラインの中で一番高い部分（溝の出口）

【ワイドライン】 wide line（英）
コブの溝の外側を通るライン

【ミドルライン】 middle line（英）
コブの溝の中間を通るライン

【ナローライン】 narrow line（英）
コブの溝の内側を通るライン

日本 スキー教程

NATIONAL SKI METHOD OF JAPAN

制作

勝木 紀昭

白石 博基

土田 茂

武井 香樹

富樫 泰一

藤井 宣文

畑中 淳子

長嶋 啓貴

齋藤 潔

松沢 寿

岡田 利修

喜多 正裕

皆川 義隆

芹澤 伊香

兵藤 明子

尾上 由果

共同執筆者（五十音順）

石毛 勇介

鈴木 聡一郎

高村 直成

布目 靖則

出演

公益財団法人 全日本スキー連盟
第39期 ナショナルデモンストレーターチーム

写真撮影
黒崎 雅久
眞嶋 和隆

映像撮影
小市 秀明
福田 啓介

映像編集
福田 啓介
金指 晋
加藤 慶太（アルジー）

執筆協力
北見工業大学（冬季スポーツ科学研究推進センター）

写真協力
菅沼 浩
大下 桃子
園部 健
アフロ

映像協力
田村 幸士

撮影協力
北見若松市民スキー場
中里 浩介
鹿沢スノーエリア
鹿沢スノーエリアスキースクール
休暇村嬬恋鹿沢
白馬八方尾根スキー場
白馬八方尾根スキースクール
白馬樅の木ホテル

編集
佐藤 あゆ美
スキーグラフィック編集部

デザイン
井上 安里

日本スキー教程

2025年1月23日　初版第4刷発行

著　者　公益財団法人 全日本スキー連盟
発行人　宮崎有史
発行所　株式会社 芸文社
　　　　〒170-8427　東京都豊島区東池袋2-45-9
　　　　https://geibunsha.co.jp/

印刷・製本　TOPPANクロレ株式会社
Printed in Japan
©Ski Association of Japan 2024
ISBN 978-4-86396-937-7

お問い合わせ　販売 03-5992-2180　編集 03-3985-8111

日本スキー教程 付録DVD

[DVD＋QR動画]
このディスクはDVDビデオです。DVD対応プレイヤーにセットすると、自動的に再生されます。再生時の操作方法は、DVDプレーヤーによって異なりますので、ご使用のプレーヤーの取り扱い説明書をご参照ください。
●このディスク、および動画データを著作権者に無断で複製(異なるテレビジョン方式を含む)、改変、放送(有線・無線)、上映、公開、輸出、レンタル(有償・無償を問わず)などの行為を行なうことは法律で固く禁じられています。
●誌面のQRコードを著作権者に無断で複製、第三者へ譲渡することを禁じます。

SGDV-2402	本編 43分	カラー	MPEG-2	片面一層	複製不能
16:9 LB	ステレオ	ALL NTSC	DVD VIDEO	無許諾 レンタル禁止	

各種教程をご購入くださった皆さまへ
アンケート調査のお願い

◎ 下記のQRコードから、SAJアンケート調査にご協力ください。

◎ アンケートで、SAJから各種配信をご希望になり、メールアドレスをご登録くださった方の中から抽選でSAJオリジナルグッズをプレゼントいたします。

◎ 応募期間等の詳細については、SAJのホームページに掲載いたします。

https://forms.office.com/r/bxwCMRtpTV